Vegetarische indische Küche

Vegetarische indische Küche

100 AUSGEFALLENE GERICHTE

AUS DEM

GEHEIMNISVOLLEN OSTEN

SUMANA RAY

KÖNEMANN

Weißkohl

Kürbis

Spinat

Rüben

Blumenkohl

Rettich

Bitterkürbis

Tomaten

Korianderblätter

Grüne
Paprikaschoten

Grüne Bohnen

Aubergine

Champignons

Rettich

Okraschoten

INHALT

Einleitung 6

Snacks 12

Eier 24

Hülsenfrüchte 30

Gemüse 42

Reis 80

Brot 90

Desserts 100

Chutneys und Relishes 112

Grundrezepte 120

Register 127

Originalausgabe © 1984 Quintet Publishing
Limited
6 Blundell Street, London N7 9BH

Originaltitel: Indian Vegetarian Cooking

Art Director: Peter Bridgewater
Illustrator: Lorraine Harrison
Photographer: Michael Freeman
Editor: Cheen Horn

© 2000 für die vorliegende kleinformatige deut-
sche Ausgabe:
Könemann Verlagsgesellschaft mbH
Bonner Str. 126, D–50968 Köln

Übersetzung aus dem Englischen:
Jutta Hein, Hamburg
Redaktion der deutschen Ausgabe: Anna
Christiane Loll, Köln
Satz der deutschen Ausgabe:
Königsdorfer Medienhaus, Frechen

Druck und Bindung: Midas Printing Limited
Printed in Hong Kong

ISBN 3–8290-4788-6

10 9 8 7 6 5 4 3 2 1

Über eine Zeitspanne von 700 Jahren hat sich trotz Fremdherrschaft die vegetarische Küche in Indien behauptet.

Die Moguln, Portugiesen, Perser und Briten beeinflußten zweifellos die nicht-vegetarische Kochkunst, doch die Zubereitung der vegetarischen Speisen hat sich nur wenig oder überhaupt nicht verändert.

Das Kastensystem ist vermutlich einer der Hauptgründe dafür, daß es in diesem Bereich zu keiner Beeinflussung von außen kam. Die Brahmanen, die Priester des Hinduismus, lehrten *ahimsa* (Gewaltlosigkeit) und den Verzicht auf Fleischgenuß. Erfolgreich bauten sie Barrieren zwischen den herrschenden Moguln und deren hinduistischen Untertanen auf, indem sie die Kuh zum heiligen Tier erklärten, das die Untertanen nicht verzehren durften, wohl aber die Moguln.

Zu diesen grundlegenden politischen Faktoren kamen klimatische und wirtschaftliche Bedingungen hinzu, die in der Entwicklung der vegetarischen Küche Indiens, wie wir sie heute kennen, eine Rolle spielten. Zum einen verdirbt Fleisch aufgrund des Tropenklimas in den meisten Regionen Indiens extrem schnell, und zum anderen konnten die Hindus durch den Anbau von Gemüse gut von ihrem Land leben und waren auf ganzer Linie Selbstversorger. Dies führte zu der vorherrschenden Meinung, daß Inder sich aus religiöser Überzeugung vegetarisch ernähren.

Der indische Subkontinent ist eine riesige Landmasse mit einer bemerkenswerten Vielfalt von Völkern. Es gibt vierzehn Hauptsprachen und etwa einhundert Dialekte. Entsprechende Unterschiede finden sich auch in der Küche, und es ist einfach unmöglich, sie umfassend und vollständig zu beschreiben. Als eine allgemeine Regel läßt sich nur anführen, daß die Speisen immer schärfer werden, je weiter sie aus dem Süden stammen. Ich habe eine ganz einfache Vorgehensweise gewählt, damit auch alle Geschmack daran finden, die außerhalb Indiens leben, aber gern indisch kochen möchten.

Früher gab es keine Kochbücher, und die indischen Mädchen lernten von den Müttern und den erfahrenen Familienmitgliedern. Die Älteren nannten einfach nur die Zutaten für ein bestimmtes Gericht, und die jungen Mädchen mußten damit experimentieren, bis sie Vollkommenheit erreicht hatten. Bei den Gewürzen habe ich die Mengen angegeben, die meiner Familie und meinen Freunden schmecken, aber Sie können natürlich jederzeit mehr oder weniger nehmen, ganz nach Ihrem persönlichen Geschmack.

Bei der Zubereitung der meisten Gerichte habe ich ein Kochutensil namens *Karai* benutzt, der einem chinesischen Wok sehr ähnlich ist. Hauptziel ist es, so wenig Öl wie möglich zu verwenden, und wenn Sie das stets berücksichtigen, können Sie genausogut einen Topf oder eine Bratpfanne verwenden.

Da alle meine Rezepte sehr einfach gehalten sind, hoffe ich, Sie haben viel Erfolg und Freude an diesem Buch.

Sumana Ray

Asafetida (Hing)
Ein kräftiges, aromatisches Harz, ist in Pulverform erhältlich und hat einen scharfen Geschmack.

Bockshornklee (Methi)
Die Samen sind orangebraun und haben einen leicht bitteren Nachgeschmack.

Chilis (Mirchi)
Getrocknete Chilis lassen sich ganz oder gemahlen verwenden. Nur sehr sparsam in Currys verwenden, um das Aroma zu verfeinern und einen scharfen Geschmack zu erzeugen. Vorsicht bei den Samen, denn sie sind für die eigentliche Schärfe verantwortlich.

Curryblätter
Werden in südindischen Gerichten sehr oft zum Würzen verwendet. Frisch oder getrocknet erhältlich.

Fenchel (Sounf)
Kleine, ovale, hellgrüne Samen mit verdauungsfördernden Eigenschaften. Im Geschmack Anissamen sehr ähnlich. Werden manchmal bei der Zubereitung von Currys verwendet.

Getrocknetes Mangopulver (Amchoor)
Wird vor allem verwendet, um den Geschmack eines bestimmten Gerichts hervorzuheben. Schmeckt eindeutig sauer.

Kardamom (Elaichi)
Diese Schoten sind weißlich oder hellgrün. Sie sind die wichtigste Zutat bei der Herstellung von Garam Masala. Entweder werden sie im Ganzen verwendet, oder die Samen werden gemahlen. Falls sie im Ganzen verarbeitet werden, muß die Schale zumindest etwas geöffnet werden, damit das Aroma entweichen kann.

Koriander (Dhaniya)
Winzige, runde, aromatische Samen, die im allgemeinen gemahlen werden, weil sie so ihren Geschmack am besten entfalten können.

Korianderblätter
Werden zum Garnieren verwendet oder am Ende der Kochzeit zu dem Gericht gegeben. Sie sind sehr vielseitig und passen zu fast jedem Rezept.

Kreuzkümmel (Jeera)
Er ist eine beliebte Zutat in sehr vielen indischen Rezepten. Kann ganz, gemahlen oder zuerst geröstet und dann gemahlen verwendet werden.

Kurkuma (Haldi)
Gehört zur Ingwer-Familie. In Indien werden die hier schwer erhältlichen Wurzeln zerdrückt. Am besten kauft man Kurkuma-Pulver; es färbt Currys appetitlich gelb.

Mohnsamen (Khus Khus)
Winzige, runde, weißliche Samen, die gemahlen werden.

Panch Phoron
Diese Mischung von fünf ungemahlenen Gewürzen zu gleichen Teilen (Kreuzkümmel, Zwiebelsamen, Fenchel, Bockshornklee und Senfkörner) wird für Daals verwendet.

Senf (Rai)
In zwei Formen erhältlich: als Blätter (können wie Spinat gekocht werden) und als winzige rötlich-braune Samen (die man ganz oder gemahlen verwendet).

Zimt (Dalchini)
Wird vorwiegend verwendet, um ein kräftiges Aroma zu betonen und um einem Gericht vollen Geschmack zu geben.

Zwiebelsamen (Kalonji)
Runde schwarze Samen, die meist ganz verwendet werden.

Alle diese Gewürze sind in indischen Lebensmittelläden erhältlich.

Korianderpulver

Kardamom

Getrocknete
Chilischoten

Mohnsamen

Senfkörner

Senfpulver

Zwiebelsamen

Lorbeerblätter

Koriandersamen

Asafetida

Kreuzkümmel

Kreuz-
kümmelpulver

Kurkuma

Zimt

Chilipulver

Methi

Hackbrett

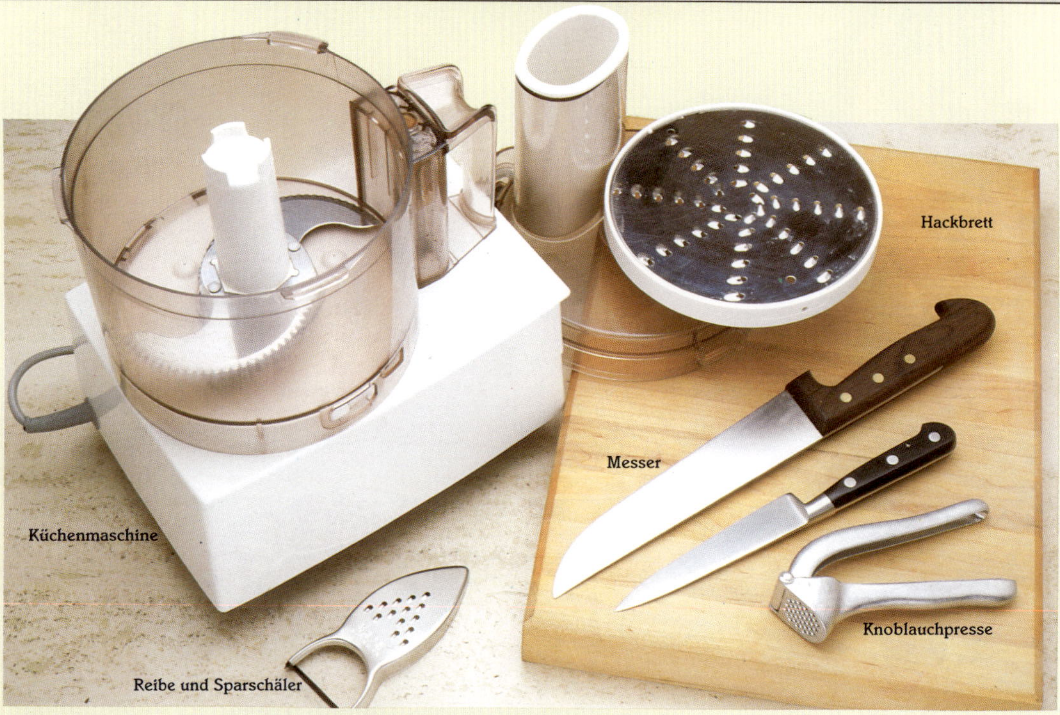

Messer

Küchenmaschine

Knoblauchpresse

Reibe und Sparschäler

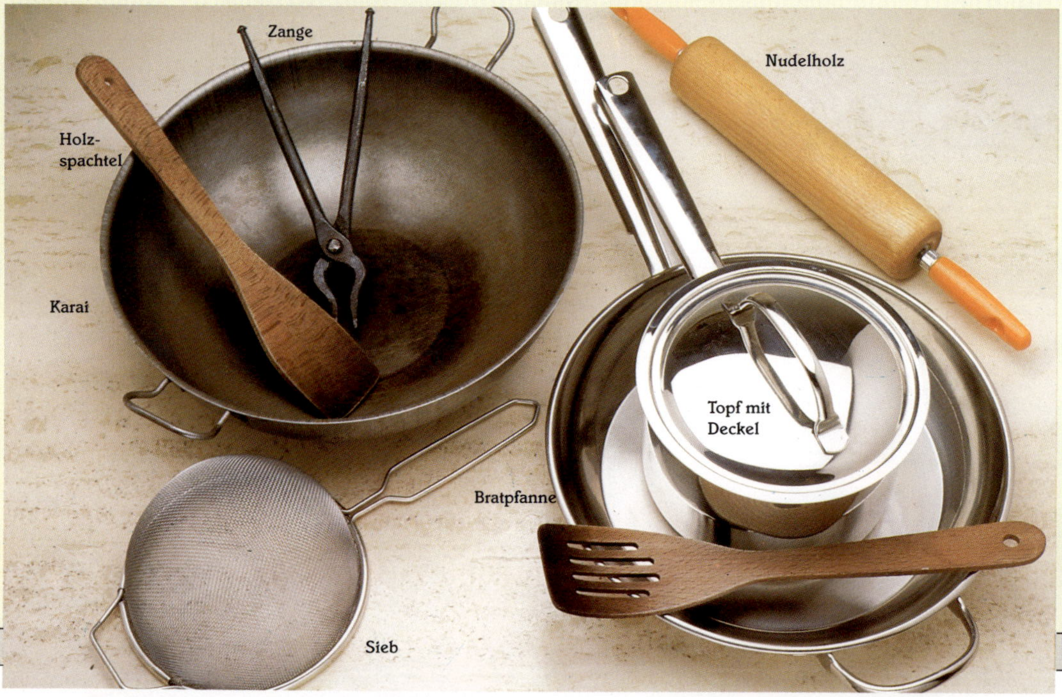

Zange

Nudelholz

Holz-
spachtel

Karai

Topf mit
Deckel

Bratpfanne

Sieb

MENÜVORSCHLÄGE

EINFACHES MITTAG- ODER ABENDESSEN 1

Reis mit Linsen

Spinat mit Linsen und Gemüse

Gemüseplätzchen

Joghurt

Poppadums (Fritierte Teigkringel)

Krapfen in Sirup

EINFACHES MITTAG- ODER ABENDESSEN 2

Gefülltes fritiertes Brot

Kartoffel-Curry

Ananas-Chutney

Reispudding

ZWANGLOSES MITTAG- ODER ABENDESSEN 1

Pillau mit Erbsen

Rote Linsen mit geschmorten Zwiebeln

Gemüsesteaks

Auberginen mit Senf

Kartoffeln mit Tamarinde

Relish mit Tomaten, Gurke und Zwiebeln

Käse-Fondant

ZWANGLOSES MITTAG- ODER ABENDESSEN 2

Joghurtbrot

Saure Kichererbsen

Spinat mit Hüttenkäse

Joghurt mit Aubergine

Möhren-Halva

FESTLICHES MITTAG- ODER ABENDESSEN 1

Pillau mit Kokos und Milch

Vollkornbrot ohne Hefe

Schwarzgefleckte Bohnen mit Zwiebeln

Pilze mit Kartoffeln und Zwiebeln

Auberginen mit saurer Sahne

Hüttenkäse mit Erbsen

Eier-Curry

Joghurt mit Boondi

Überbackener Joghurt

Möhren-Halva

FESTLICHES MITTAG- ODER ABENDESSEN 2

Gebratener Reis

Gebackener Blumenkohl

Kartoffeln mit Tamarinde

Curry mit gebratenen Eiern

Joghurt mit Gurke

Käsebällchen in Sirup

Joghurt mit Safran

FESTLICHES MITTAG- ODER ABENDESSEN 3

Einfacher Reis

Fritiertes weißes Brot

Channa Daal

Hüttenkäse mit Paprika und Tomate

Trockene Kartoffeln

Würzige Auberginen

Tomaten-Chutney

Khir mit Orangen

Krapfen in Sirup

*Die Rezepte sind für 4–6 Personen berechnet, aber denken
Sie daran, daß nach indischer Sitte bei einer vollständigen
Mahlzeit mehrere Gänge serviert werden.*

SNACKS

Aloo Kabli / Herzhafter Kartoffel-Snack *14*

Panir Cutlet / Käsesteak *15*

Nimki / Fritierter Teig *16*

Pakoras / Gemüseplätzchen *17*

Samosas *18*

Dahi Vada / Linsenkuchen in Joghurt *20*

Aloo Tikka / Gebratene Kartoffelkuchen *21*

Kela Kofta / Grüne Bananenbällchen *22*

Sabzi Cutlet / Gemüsesteak *22*

*Diese Rezepte sind außerordentlich vielseitig. Für Picknicks
sind die kleinen Gerichte geradezu ideal, denn sie schmecken
auch kalt; dazu gibt es dann einen Salat oder ein Chutney.
Auch als Beilagen zu einem Hauptgericht sind sie sehr lecker;
sie schmecken auch als Vorspeisen.*

ALOO KABLI / HERZHAFTER KARTOFFEL-SNACK

300 g Kartoffeln, gekocht und gepellt

1 kleine Zwiebel, feingehackt

1–2 grüne Chilischoten, feingehackt

½ TL Salz

½ TL Chilipulver

5–6 EL Tamarindensaft (s. Grundrezepte)

1 EL Korianderblätter, gehackt

1 Kartoffeln in 5 cm dicke Scheiben schneiden und gut abkühlen lassen.

2 Alle weiteren Zutaten vorsichtig unterrühren; kalt servieren.

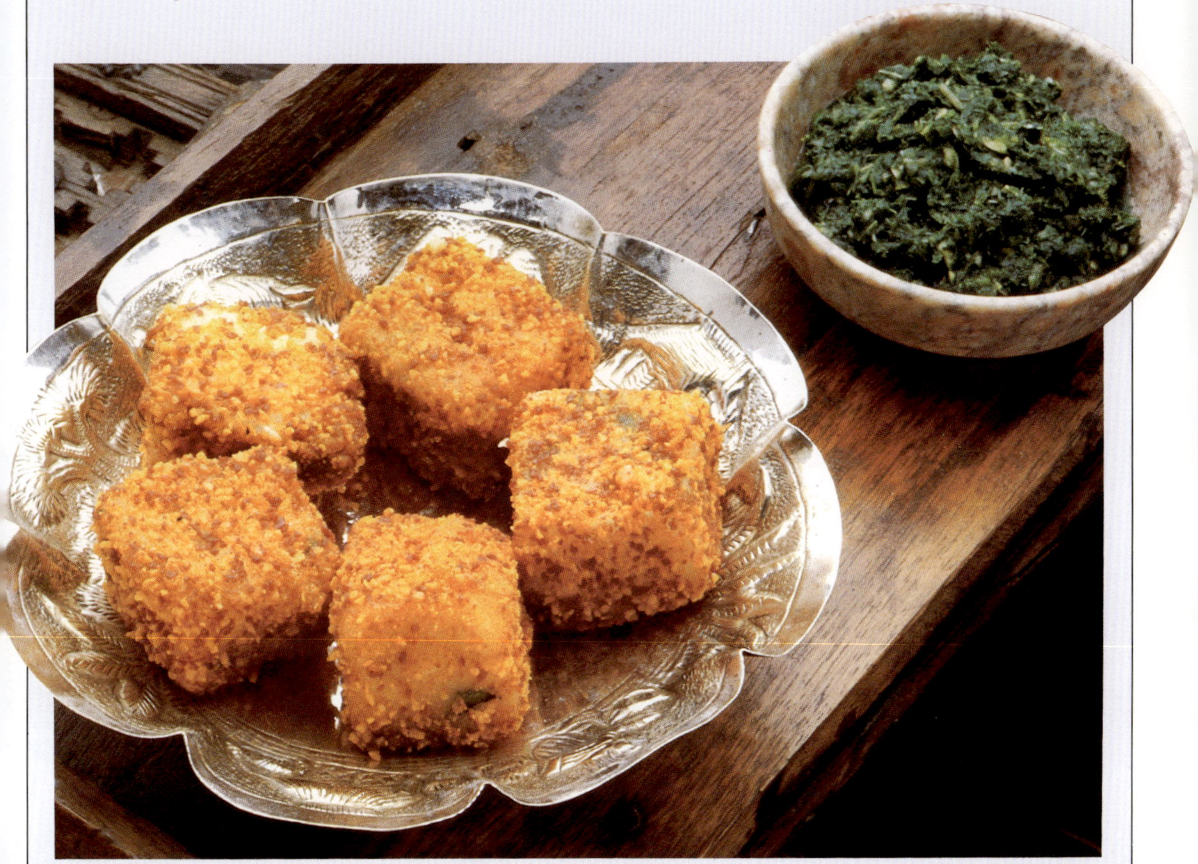

1 EL Ghee (s. Grundrezepte)
200 ml Milch
150 g Panir (s. Grundrezepte), abgetropft
100 g Grieß
1 mittelgroße Zwiebel, feingehackt
2 grüne Chilischoten, feingehackt
1 EL Korianderblätter, gehackt
½ TL Salz
2 EL Mehl
100 ml Milch
Paniermehl
Öl zum Fritieren

1 Ghee in einen Karai geben, bei mittlerer Hitze Milch, Panir, Grieß, Zwiebeln, Chili, Korianderblätter und Salz hinzufügen und gründlich mischen. Unter ständigem Rühren 3–4 Min. kochen, bis die Mischung sich vom Rand löst und eine Kugel bildet.

2 Mischung 1,5 cm dick auf einem eingefetteten Backblech verstreichen. In 2,5 cm große Quadrate schneiden und etwa 2 Std. in den Kühlschrank stellen.

3 Mehl und Milch zu einem glatten Teig verrühren. Teigquadrate einzeln darin eintauchen und danach von allen Seiten im Paniermehl wälzen.

4 Öl in einem Karai stark erhitzen und die Steaks 2–3 Min. goldbraun und knusprig braten. Dazu Chutney servieren.

| 100 g Mehl |
| ½ TL Salz |
| 1 Prise Zwiebelsamen |
| 1 Prise Kreuzkümmel, geröstet, gemahlen (s. Grundrezepte) |
| 1½ EL Öl |
| etwa 50 ml heißes Wasser |
| Öl zum Fritieren |

1 Mehl und Salz zusammen durchsieben. Zwiebelsamen und Kreuzkümmel einstreuen. 1½ EL Öl einkneten.

2 Soviel Wasser dazugeben, damit ein fester Teig entsteht. 10 Min. durchkneten, bis er glatt und weich ist.

3 Aus dem Teig 12 Bällchen formen. Jedes Bällchen zu einem dünnen Kreis mit 10 cm Durchmesser ausrollen. Kreise jeweils 5–6 Mal kurz einschneiden.

4 Öl bei mittlerer Flamme in einem Karai erhitzen. Jeweils ein Nimki hineingeben und goldbraun und knusprig braten. Auf Küchenpapier abtropfen lassen. Dazu Chutney oder trockene Kartoffeln (s. S. 71) servieren.

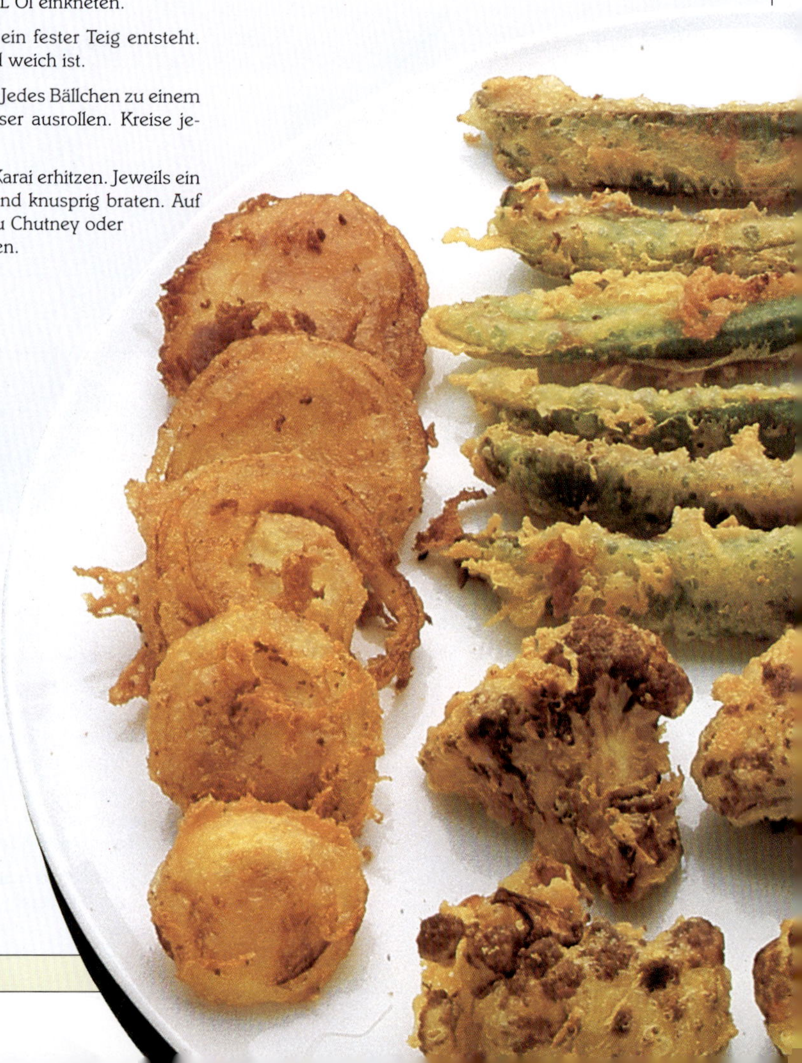

PAKORAS / GEMÜSEPLÄTZCHEN

Teig:
4 EL Kichererbsenmehl
2 TL Öl
1 TL Backpulver
½ TL Salz
75 ml Wasser
Folgende Gemüsesorten können verwendet werden:
Auberginen, in sehr dünnen Scheiben
Zwiebeln, in 2–3 mm dünnen Ringen
Kartoffeln, in sehr dünnen Scheiben
Blumenkohl, in 1,5 cm große Röschen zerteilt
Chilischoten, im ganzen
Kürbis, in dünnen Scheiben
grüne Paprikaschoten, in dünnen Streifen
Öl zum Fritieren

1 Alle Teigzutaten mischen und glattrühren.

2 Zerkleinertes Gemüse waschen und trockentupfen.

3 Öl in einem Karai sehr stark erhitzen.

4 Gemüsescheiben einzeln in den Teig tauchen und in das heiße Öl legen. So viele Gemüsescheiben wie möglich gleichzeitig ins Öl geben und goldbraun und knusprig fritieren. Abgetropft mit Minze- oder Koriander-Chutney servieren.

Füllung:

3 EL Öl
¼ TL ganze Kreuzkümmelsamen
500 g Kartoffeln, in 1 cm großen Würfeln
1 grüne Chilischote, feingehackt
1 Prise Kurkuma
½ TL Salz
100 g Erbsen
1 TL Kreuzkümmel, gemahlen, geröstet (s. Grundrezepte)

Teig:

250 g Mehl
1 TL Salz
3 EL Öl
etwa 90 ml heißes Wasser
Öl zum Fritieren

Füllung:

1 Öl in einem Karai erhitzen und die Kümmelsamen dazugeben. Einige Sekunden bei mittlerer Hitze brutzeln lassen.

2 Kartoffeln und Chilischoten dazugeben und 2–3 Min. fritieren. Kurkuma und Salz hineingeben und unter gelegentlichem Umrühren 5 Min. erhitzen.

3 Erbsen und gemahlenen Kümmel dazugeben und verrühren. Zudecken, Hitze reduzieren und weitere 10 Min. garen, bis die Kartoffeln weich sind. Abkühlen lassen.

Teig:

1 Mehl und Salz zusammen durchsieben. Öl hineinreiben. Soviel Wasser dazugeben, daß ein fester Teig entsteht. 10 Min. durchkneten, bis er glatt ist.

2 Teig in 12 Bällchen aufteilen. Jedes zu einem Kreis von etwa 15 cm Durchmesser ausrollen. Halbieren.

3 Einen Halbkreis etwas flach drücken und einen Kegel daraus formen. An den Rändern mit etwas Wasser verschließen. 1½ TL Füllung hineingeben und mit Wasser verschließen.

4 Restlichen Teig genauso zu Samosas verarbeiten.

5 Öl in einem Karai erhitzen. So viele Samosas wie möglich hineingeben und bei mittlerer Hitze goldbraun und knusprig braten. Abtropfen lassen. Dazu ein Chutney servieren.

DAHI VADA / LINSENKUCHEN IN JOGHURT

200 g Urid Daal (s. S. 30), gewaschen
400 ml Wasser
3 grüne Chilischoten
½ TL Salz
¼ TL Asafetida
Öl zum Fritieren
850 g Joghurt
1 TL Kreuzkümmel, geröstet, gemahlen (s. Grundrezepte)
¼ TL Garam Masala (s. Grundrezepte)
½ TL Chilipulver

1 Linsen waschen und über Nacht in Wasser einweichen.

2 Linsen, Chilischoten, Salz, Asafetida und etwas Einweichwasser in einen Mixer geben. Zu einem glatten Teig verarbeiten; wenn nötig, etwas mehr Wasser dazugeben.

3 Öl in einem Karai erhitzen.

4 Teig eßlöffelweise in das heiße Öl geben und 3–4 Min. fritieren, bis die Kuchen rötlichbraun sind. Einmal umdrehen. Auf Küchenpapier abtropfen lassen.

5 Wenn alle Vadas fritiert sind, werden sie 1 Min. lang in eine Schüssel mit warmem Wasser gelegt. Wasser vorsichtig ausdrücken, Vadas in eine große Schüssel füllen.

6 Joghurt, Kreuzkümmel, Garam Masala und Chilipulver mischen und über die Vadas gießen.

7 Speise kalt stellen und mit Tamarinden-Chutney (s. Chutneys) servieren.

ALOO TIKKA / GEBRATENE KARTOFFELKUCHEN

450 g Kartoffeln, gekocht und zerdrückt

1–2 grüne Chilischoten, gehackt

½ TL Salz

1 EL Korianderblätter, gehackt

2 EL Zwiebeln, gehackt

Öl zum Braten

1 Kartoffelmus mit Chilischoten, Salz, Korianderblättern und Zwiebeln mischen.

2 Zu kleinen Bällchen formen und flach drücken.

3 Öl in einer flachen Pfanne erhitzen und Kartoffelkuchen von beiden Seiten goldbraun braten. Dazu ein Chutney servieren.

KELA KOFTA / GRÜNE BANANENBÄLLCHEN

1 grüne Banane, halbiert
1 grüne Chilischote, gehackt
½ EL Korianderblätter, gehackt
½ TL Salz
1 EL Zwiebeln, gehackt
1 TL Mehl
Öl zum Fritieren

1 Banane weich kochen. Schälen und abkühlen lassen.

2 Banane mit Chilischoten, Korianderblättern, Salz, Zwiebeln und Mehl zerdrücken. Aus der Mischung 8 Bällchen formen und flach drücken.

3 Öl erhitzen und die Koftas goldbraun und knusprig braten. Einmal umdrehen.

SABZI CUTLET / GEMÜSESTEAK

100 g Rote Bete, gewürfelt
100 g Möhren, gewürfelt
200 g Kartoffeln, gewürfelt
100 g Weißkohl, geraspelt
½ TL Chilipulver
½ TL Kreuzkümmel, gemahlen, geröstet (s. Grundrezepte)
½ TL schwarzer Pfeffer, gemahlen
¾ TL Salz
1 große Prise Zucker
1 EL Rosinen (nach Belieben)
50 g Mehl
100 ml Milch
Paniermehl
Öl zum Fritieren

1 Rote Bete, Möhren, Kartoffeln und Kohl weich kochen. Abtropfen lassen.

2 Gekochtes Gemüse zerdrücken und mit Chili, Kümmel, Pfeffer, Salz, Zucker und Rosinen mischen. Zu 12 Bällchen formen und flach drücken. 1 Std. kalt stellen.

3 Aus Milch und Mehl einen Teig herstellen und je ein Steak hineintauchen. Von allen Seiten in Paniermehl wälzen.

4 Öl in einer großen Bratpfanne erhitzen und die Steaks etwa 2–3 Min. goldbraun und knusprig braten; dabei einmal wenden. Dazu Koriander-Chutney servieren (s. Chutneys).

EIER

Omelette-Curry 26

Undey Ka Devil / Teufelseier 27

Undey Ki Curry / Eier-Curry 28

Masala Undey / Curry mit gebratenen Eiern 29

OMELETTE-CURRY

6 Eier
½ TL Salz
6 EL Öl
1 große Kartoffel, in 2,5 cm großen Stücken
4 EL Zwiebelmischung (s. Grundrezepte)
1 TL Kurkuma, gemahlen
½ TL Chilipulver
¾ TL Salz
300 ml Wasser

1 Eier zusammen mit dem Salz verquirlen.

2 In einer großen Bratpfanne 1 EL Öl erhitzen und ein Omelette aus der Hälfte der Eimischung zubereiten. Beiseite stellen und vierteln. Die andere Hälfte der Eier genauso verarbeiten.

3 Das restliche Öl erhitzen und die Kartoffeln braten, bis sie hellbraun sind. Beiseite stellen. Zwiebelmischung in dem Öl 2–3 Min. schmoren. Kurkuma, Chili und Salz hinzugeben und gut mit der Zwiebelmischung verrühren.

4 Das Wasser dazugeben und aufkochen. Kartoffeln hineingeben und bei reduzierter Hitze zugedeckt 10 Min. köcheln lassen. Omelettestücke mit in die Pfanne legen, zugedeckt noch einmal etwa 10 Min. garen, bis die Kartoffeln weich sind.

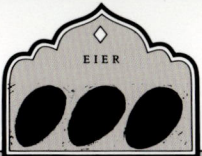

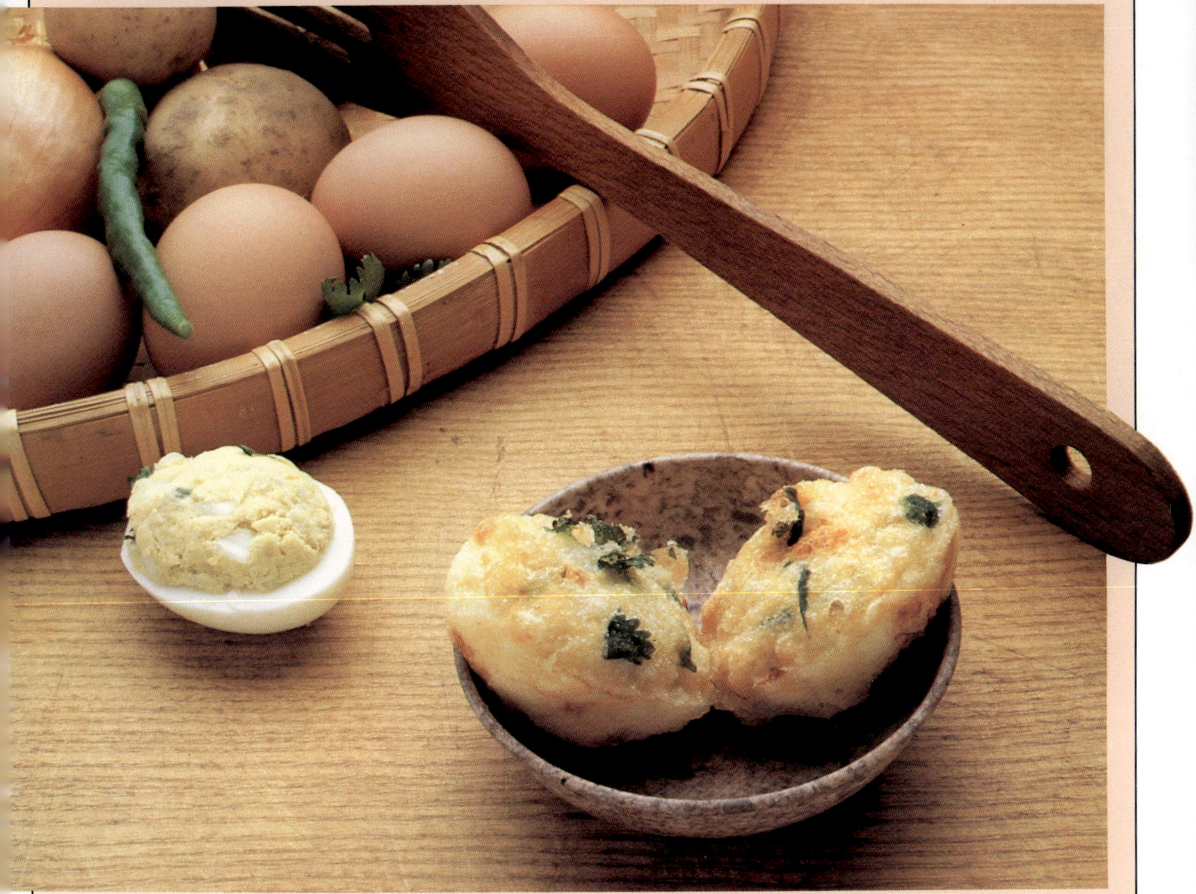

4 Eier, hartgekocht, der Länge nach halbiert

1½ EL Zwiebeln, feingehackt

2 grüne Chilischoten, feingehackt

1 EL Korianderblätter, gehackt

½ TL Salz

2 EL Kartoffelbrei

Öl zum Braten

1 EL Mehl

50 ml Wasser

1 Eigelb herauslösen und mit Zwiebeln, Chilischoten, Korianderblättern, Salz und Kartoffelbrei verrühren. Mischung in die Eiweißhälften füllen. 30 Min. kalt stellen.

2 Öl in einem Karai sehr stark erhitzen. In der Zwischenzeit aus Mehl und Wasser einen Teig anrühren. Vorsicht, daß das Öl nicht Feuer fängt.

3 Eier in den Teig tauchen und vorsichtig in das heiße Öl legen. Goldbraun braten. Dabei einmal umdrehen.

EIER

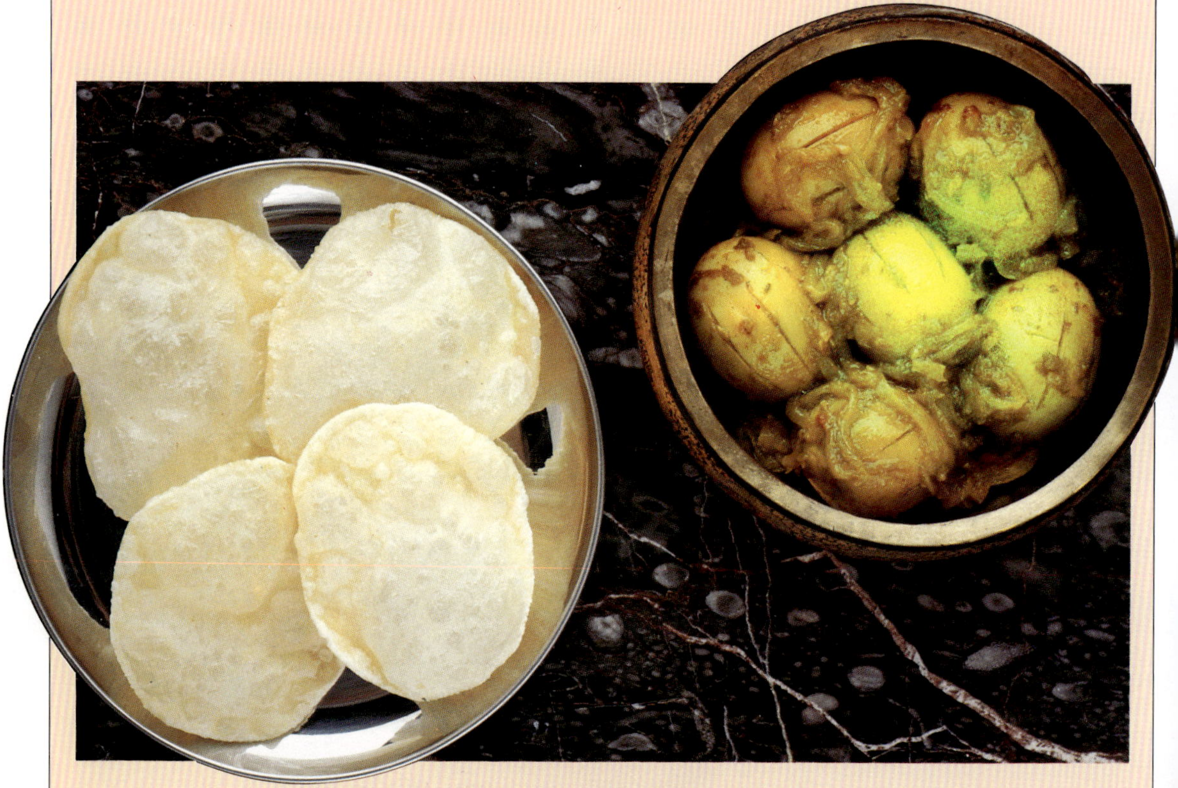

4 EL Öl
1 große Zwiebel, in dünnen Ringen
2 EL Zwiebelmischung (s. Grundrezepte)
$\frac{1}{2}$ TL Kurkuma, gemahlen
$\frac{1}{2}$ TL Chilipulver
$\frac{3}{4}$ TL Salz
1 reichliche Prise Zucker
8 Eier, hartgekocht
100 ml Wasser

1 Öl in einer Bratpfanne erhitzen und die Zwiebelringe in 3–4 Min. leicht anbräunen lassen.

2 Zwiebelmischung, Kurkuma, Chili, Salz und Zucker zugeben und unter Rühren weitere 2–3 Min. schmoren. Eier zugeben und umrühren, bis sie von den Gewürzen bedeckt sind.

3 Das Wasser dazugießen und aufkochen. Hitze reduzieren und zugedeckt etwa 10 Min. garen, bis die Soße andickt.

MASALA UNDEY / CURRY MIT GEBRATENEN EIERN

3 mittelgroße Zwiebeln

5 Knoblauchzehen

2,5 cm Ingwerwurzel

1 EL weißer Essig

8 EL Senföl

8 Eier

3 Lorbeerblätter

5 cm Zimtstange

6 Kardamomschoten

2–3 grüne Chilischoten

1½ TL Kurkuma, gemahlen

½ TL Chilipulver

1 TL Salz

¼ TL Zucker

1 Zwiebeln, Knoblauch, Ingwer und Essig in einem Mixer zu einer feinen Paste verarbeiten.

2 Öl in einer großen Bratpfanne erhitzen, Eier einzeln braten und beiseite stellen.

3 Lorbeerblätter, Zimt und Kardamom in das restliche Öl geben und einige Sekunden brutzeln lassen.

4 Die Paste und die Chilischoten dazugeben und unter ständigem Rühren 6–8 Min. schmoren. Kurkuma, Chilipulver, Salz und Zucker dazugeben und noch eine weitere Minute schmoren.

5 Eier vorsichtig hineinlegen und unter leichtem Rühren mit einem Teil der Gewürze bedecken.

6 Zugedeckt 5 Min. garen. Heiß mit einem Pillau (s. Reisgerichte) servieren.

Moong Daal
Gespaltene gelbe Bohne, Hülsen entfernt

Chole (Kichererbsen)
Runde, beigefarbene,
ungespaltene Erbsen,

Musoor Daal (Gespaltene rote Linsen)
Rosafarben, werden schnell gar

Channa Daal
Kleiner als gespaltene Erbsen,
von gelber Farbe

Rajma (Rote Kidney Bohnen)
Garen schneller, wenn sie
über Nacht eingeweicht waren

Lobia (Schwarzgefleckte Bohnen)
Kleine, beigefarbene Bohnen mit schwarzem
Fleck und rauchigem Geschmack

Urid Daal
(Geschälte gespaltene Matpe)
Kleine weißliche Linse

Mater Daal (Gespaltene Erbsen)
Runde, gelbe Linsen,
alle gleich groß

HÜLSENFRÜCHTE

Channa Daal *32*

Moong Daal *33*

Musoor Daal / Rote Linsen mit geschmorten Zwiebeln *34*

Daal Tarkari / Gespaltene Erbsen mit Gemüse *36*

Lobia Aur Pyaz /Schwarzgefleckte Bohnen mit Zwiebeln *37*

Masala Rajma / Kidney-Bohnen-Curry *39*

Kabli Channa / Kichererbsen-Curry *40*

Chole / Saure Kichererbsen *41*

*Da Hülsenfrüchte sehr reich an Proteinen sind, gehören sie zu
den Hauptnahrungsmitteln für Vegetarier. Einige Sorten müs-
sen über Nacht eingeweicht werden, damit sie auch nach dem
Kochen noch weich sind. Man kann dazu Reis oder Brot und
die meisten vegetarischen Beilagen reichen.*

CHANNA DAAL

200 g Channa Daal, gewaschen
1,4 l Wasser
1½ EL Ghee (s. Grundrezepte)
¾ TL ganze Kreuzkümmelsamen
2 Lorbeerblätter
2 rote Chilischoten, getrocknet
5 cm Zimtstange
4 Karadamomschoten
¾ TL Kurkuma, gemahlen
½ TL Chilipulver
1¼ TL Kreuzkümmel, gemahlen
1 TL Salz
½ TL Zucker
2 EL Kokosflocken
1 EL Rosinen

1 Daal und Wasser in einem großen Topf bei mittlerer Hitze zum Kochen bringen. Wenn sich Schaum bildet, abschöpfen.

2 Hitze reduzieren, Topf halb mit einem Deckel verschließen, etwa 1 Std. 15 Min. köcheln lassen, bis die Hülsenfrüchte weich sind.

3 Ghee in einem kleinen Topf mäßig erhitzen, Kreuzkümmelsamen, Lorbeerblätter, Chilischoten, Zimtstange und Kardamomschoten dazugeben und einige Sekunden brutzeln lassen.

4 Kurkuma, Chilipulver, gemahlenen Kreuzkümmel, Salz und Zucker dazugeben und 1 Min. anbraten. Kokosflocken und Rosinen dazugeben und weitere 1–2 Min. erhitzen.

5 Ghee und Gewürze mit dem Daal mischen und umrühren. Dazu Reis oder Lucchi (s. Brot) und Aloo Dam (s. Gemüse) servieren.

200 g Moong Daal
1,4 l Wasser
¼ TL Kurkuma, gemahlen
1 TL Kreuzkümmel, gemahlen
2 Tomaten, gewürfelt
1 TL Salz
1 EL Ghee (s. Grundrezepte)
¾ TL ganze Kreuzkümmelsamen
2 rote Chilischoten, getrocknet
2 Lorbeerblätter
2,5 cm Zimtstange
4 Kardamomschoten

1 Linsen in einem Topf erhitzen und unter ständigem Rühren rösten, bis sie hellbraun sind.

2 Linsen waschen, dabei das Wasser mehrmals wechseln. Dann die angegebene Wassermenge in einem großen Topf zum Kochen bringen. Wenn sich Schaum bildet, abschöpfen.

3 Hitze reduzieren, Kurkuma, Kreuzkümmel, Tomaten und Salz dazugeben und halb zugedeckt etwa 1 Std. 15 Min. köcheln lassen, bis die Linsen weich sind.

4 Ghee in einer kleinen Pfanne erhitzen, Kreuzkümmelsamen, Chilischoten, Lorbeerblätter, Zimt und Kardamom hineingeben und einige Sekunden brutzeln lassen.

5 Das heiße Fett mit den Gewürzen unter die Linsen rühren. Dazu Reis servieren.

MUSOOR DAAL / ROTE LINSEN MIT GESCHMORTEN ZWIEBELN

200 g rote Linsen, gewaschen
1 l Wasser
¼ TL Kurkuma, gemahlen
1½ TL Kreuzkümmel, gemahlen
2 Tomaten, gewürfelt
½ TL Salz
2–3 grüne Chilischoten
1 EL Korianderblätter, gehackt
3 EL Ghee (s. Grundrezepte)
3 Knoblauchzehen, zerdrückt
1 Zwiebel, in dünnen Ringen

1 Die Linsen in der angegebenen Wassermenge in einem gro-ßen Topf zum Kochen bringen. Wenn sich Schaum bildet, ab-schöpfen.

2 Kurkuma, Kreuzkümmel und Tomaten dazugeben und un-ter die Linsen rühren.

3 Hitze reduzieren und halb zugedeckt etwa 40 Min. köcheln lassen, bis die Linsen weich sind. Salz, Chilischoten und Kori-anderblätter unter die Linsen rühren. Vom Herd nehmen.

4 Ghee in einer kleinen Pfanne erhitzen. Knoblauch und Zwiebeln darin goldbraun werden lassen.

5 Über die Linsen gießen und dazu Reis servieren.

DAAL TARKARI / GESPALTENE ERBSEN MIT GEMÜSE

200 g gespaltene Erbsen, gewaschen
700 ml Wasser
2 EL Ghee (s. Grundrezepte)
½ TL ganze Kreuzkümmelsamen
2 Lorbeerblätter
2–3 grüne Chilischoten, längs durchgeschnitten
300 g Kartoffeln, in 2,5 cm großen Stücken
75 g Erbsen
350 g Blumenkohl, in großen Röschen
½ TL Kurkuma, gemahlen
1 TL Salz

1 Die gespaltenen Erbsen in einem großen Topf aufkochen. Zugedeckt 30 Min. köcheln lassen. Vom Herd nehmen.

2 Ghee in einem großen Topf erhitzen. Kreuzkümmelsamen, Lorbeerblätter und Chilischoten hineingeben und bei mittlerer Hitze einige Sekunden brutzeln lassen.

3 Kartoffeln, Erbsen und Blumenkohl dazugeben und etwa 1–2 Min. schmoren.

4 Die gespaltenen Erbsen mit dem Wasser, Kurkuma und Salz hinzufügen. Gründlich mischen, Hitze reduzieren und garen. (Wenn das Gericht zu fest wird, etwas Wasser zugießen.)

LOBIA AUR PYAZ / SCHWARZGEFLECKTE BOHNEN MIT ZWIEBELN

200 g schwarzgefleckte Bohnen, gewaschen
1 l Wasser
2 EL Öl
1 große Zwiebel, feingehackt
2 Knoblauchzehen, zerdrückt
0,5 cm Ingwerwurzel, gerieben
1–2 grüne Chilischoten, feingehackt
½ TL Salz
1 TL Zuckersirup

1 Bohnen über Nacht in dem Wasser einweichen.

2 Bohnen im Einweichwasser zum Kochen bringen, zudekken und 1 Std. köcheln lassen, bis sie weich sind. Abgießen.

3 Öl in einem großen Topf erhitzen, Knoblauch, Ingwer und Chilischoten hinzufügen, Zwiebeln darin weich schmoren.

4 Bohnen, Salz und Sirup dazugeben und etwa 15 Min. kochen, bis die gesamte Kochflüssigkeit aufgesogen ist. Dazu Chappati (s. Brot) servieren.

MASALA RAJMA / KIDNEY-BOHNEN-CURRY

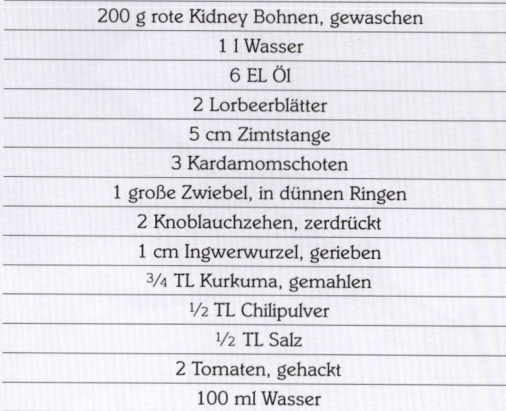

200 g rote Kidney Bohnen, gewaschen
1 l Wasser
6 EL Öl
2 Lorbeerblätter
5 cm Zimtstange
3 Kardamomschoten
1 große Zwiebel, in dünnen Ringen
2 Knoblauchzehen, zerdrückt
1 cm Ingwerwurzel, gerieben
³/₄ TL Kurkuma, gemahlen
½ TL Chilipulver
½ TL Salz
2 Tomaten, gehackt
100 ml Wasser

1 Bohnen über Nacht in der angegebenen Wassermenge einweichen.

2 Bohnen in diesem Wasser zum Kochen bringen, zudecken und 1 Std. köcheln lassen, bis sie weich sind. Abgießen.

3 Öl in einem großen Topf erhitzen, Lorbeerblätter, Zimt und Kardamom dazugeben und bei mittlerer Hitze einige Sekunden brutzeln lassen. Zwiebeln, Knoblauch und Ingwer hinzufügen und schmoren, bis die Zwiebeln goldbraun sind.

4 Kurkuma, Chilipulver, Salz und Tomaten dazugeben und etwa 1 Min. schmoren. Die abgegossenen Bohnen hinzufügen und mit den Gewürzen 2–3 Min. erhitzen.

5 Das Wasser dazugeben und unter gelegentlichem Rühren zum Kochen bringen. Zudecken, Hitze reduzieren und rund 10–15 Min. garen. Dazu Chappati (s. Brot) servieren .

KABLI CHANNA / KICHERERBSEN-CURRY

200 g Kichererbsen, gewaschen
800 ml Wasser
4 EL Öl
1 Prise Asafetida
½ TL ganze Kreuzkümmelsamen
½ TL Kurkuma, gemahlen
½ TL Chilipulver
1 TL Koriander, gemahlen
1 TL Kreuzkümmel, gemahlen
1½ TL getrocknete Mango, gemahlen
½ TL Salz
2 EL Zitronensaft
1 EL Korianderblätter, gehackt
1–2 grüne Chilischoten, gehackt

1 Kichererbsen über Nacht in dem Wasser einweichen.

2 Kichererbsen im Einweichwasser zum Kochen bringen, zudecken und etwa 1 Std. köcheln lassen, bis sie weich sind. Abgießen, Flüssigkeit aber auffangen.

3 Öl in einem großen Topf erhitzen, Asafetida und Kreuzkümmelsamen dazugeben und bei mittlerer Hitze einige Sekunden brutzeln lassen.

4 Die abgegossenen Kichererbsen, Kurkuma, Chilipulver, Koriander, gemahlenen Kreuzkümmel, Mangopulver und Salz dazugeben und 2–3 Min. anbraten.

5 Mit 225 ml der Kichererbsenbrühe auffüllen und 20 Min. kochen lassen. Gelegentlich umrühren.

6 Vor dem Servieren mit Zitronensaft verfeinern und mit Korianderblättern und Chilischoten bestreuen. Dazu Batora (s. Brot) servieren.

CHOLE / SAURE KICHERERBSEN

200 g Kichererbsen, gewaschen

800 ml Wasser

1 Teebeutel

3 EL Öl

225 g Kartoffeln, gekocht, in 1 cm großen Würfeln

2 mittelgroße Zwiebeln, feingehackt

1 Knoblauchzehe, zerdrückt

1 cm Ingwerwurzel, gerieben

2 TL Koriander, gemahlen

2 grüne Chilischoten, gehackt

1½ EL getrocknete Mango, gemahlen

½ TL Chilipulver

¾ TL Salz

175 ml Wasser

1½ TL Garam Masala (s. Grundrezepte)

1 Kichererbsen mit dem Teebeutel über Nacht in dem Wasser einweichen.

2 Teebeutel wegwerfen, Kichererbsen und Wasser in einen großen Topf geben und zum Kochen bringen. Zudecken und etwa 1 Std. köcheln lassen, bis sie weich sind. Abgießen.

3 Öl in einem Topf erhitzen und die Kartoffelwürfel bei mittlerer Hitze braten, bis sie leicht angebräunt sind. Beiseite stellen.

4 Zwiebeln im verbliebenen Öl goldbraun rösten. Knoblauch und Ingwer dazugeben und weitere 2 Min. braten.

5 Kichererbsen, Koriander, Chilischoten, Mangopulver, Chilipulver, Salz und Kartoffeln dazugeben und unter Rühren weitere 2 Min. anbraten, bis alles gut vermischt ist.

6 Wasser dazugeben und etwa 15 Min. garen. Mit Garam Masala bestreuen. Heiß mit Batora (s. Brot) servieren.

GEMÜSE

Bund Gobi Ki Rolls / Kohlrouladen 44

Bund Gobi Aur Narial / Weißkohl mit Kokos 45

Mooli / Weißer Rettich 46

Bund Gobi Aur Mater / Weißkohl mit Erbsen 47

Bhindi Bhaji / Geschmorte Okraschoten mit Zwiebeln 48

Sarso Bhindi / Okraschoten mit Senf 49

Sai Bhaji / Spinat mit Linsen und Gemüse 49

Tel Baigan / Masala Aubergine 50

Dahi Bhindi / Okraschoten mit Joghurt 52

Lau Ghonto / Trockene Rüben 53

Saag Panir / Spinat mit Hüttenkäse 54

Panir Bhiyia / Hüttenkäse mit Paprika und Tomate 55

Masala Karela / Würziger Bitterkürbis 57

Mater Panir / Hüttenkäse mit Erbsen 57

Dhokkar Dalna / Curry mit gebratenem Linsenkuchen 58

Sukhi Bean Aur Narial / Bohnen mit Kokos 59

Baigan Bharta / Würzige Auberginen 61

Malai Baigan / Auberginen mit saurer Sahne 62

Baigan Pora / Geschmorte Auberginen 63

Sarso Baigan / Auberginen mit Senf 64

Jhinge Posto / Schwammgurke mit Mohnsamen 65

Aloo Dam / Kartoffel-Curry 67

Aloo Aur Capsicum / Kartoffeln mit Paprika und Kokos 68

Aloo Gobi Dalna / Blumenkohl-Kartoffel-Curry 69

Aloo Posto / Kartoffeln mit Mohnsamen 70

Imlee Aloo / Kartoffeln mit Tamarinde 70

Aloo Chokka / Trockene Kartoffeln 71

Baked Gobi / Gebackener Blumenkohl 72

Aloo Gobi Aur Mater / Blumenkohl mit Kartoffeln und Erbsen 73

Aloo Gobi Chokka / Trockene Kartoffeln mit Blumenkohl 74

Khumbi, Aloo Aur Pyaz / Pilze mit Kartoffeln und Zwiebeln 76

Avial / Gemüse in Joghurt-Kokos-Soße 77

Masala Kaddu / Kürbis mit Gewürzen 78

Karhi / Joghurt-Curry 79

BUND GOBI KI ROLLS / KOHLROULADEN

8 große Weißkohlblätter, 5 Min. gedünstet, abgetropft
3 EL Öl
2 mittelgroße Zwiebeln, feingehackt
200 g Panir (s. Grundrezepte), abgetropft
½ TL Kurkuma, gemahlen
½ TL Chilipulver
½ TL Garam Masala (s. Grundrezepte)
1–2 grüne Chilischoten, gehackt
½ TL Salz
1 EL Korianderblätter, gehackt
Faden zum Umwickeln der Rouladen
Öl zum Schmoren

1 Die 3 EL Öl in einer Bratpfanne erhitzen und die Zwiebeln bei mittlerer Hitze darin leicht anbräunen.

2 Panir, Kurkuma, Chilipulver, Garam Masala, Chilischoten und Salz dazugeben und unter Rühren 5–6 Min. braten. Mit den Korianderblättern bestreuen und vom Herd nehmen.

3 Auf jeweils 1 Weißkohlblatt 2 EL der Mischung geben, Seitenränder nach innen schlagen, aufrollen und mit Faden umwickeln. Alle 8 Rouladen auf diese Weise zubereiten.

4 Öl erhitzen und Rouladen bei mittlerer Hitze braun schmoren; dabei einmal wenden.

BUND GOBI AUR NARIAL / WEISSKOHL MIT KOKOS

2 EL Öl
2 Lorbeerblätter
¾ TL ganze Kreuzkümmelsamen
1–2 Chilischoten, gehackt
700 g Weißkohl, geraspelt
¾ TL Salz
⅓ TL Zucker
3 EL Kokosflocken
½ TL Kreuzkümmel, gemahlen

1 Öl in einem Karai stark erhitzen, Lorbeerblätter, Kreuzkümmelsamen und Chilischoten hineingeben und einige Sekunden brutzeln lassen.

2 Weißkohl, Salz und Zucker dazugeben und gut mischen. Zudecken, auf mittlere Hitze reduzieren, etwa 15 Min. kochen lassen, bis der Weißkohl halbgar ist.

3 Kokosflocken und gemahlenen Kreuzkümmel dazugeben und unter ständigem Rühren 10–15 Min. schmoren, bis alle Feuchtigkeit verdampft ist.

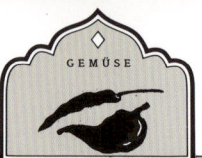

MOOLI / WEISSER RETTICH

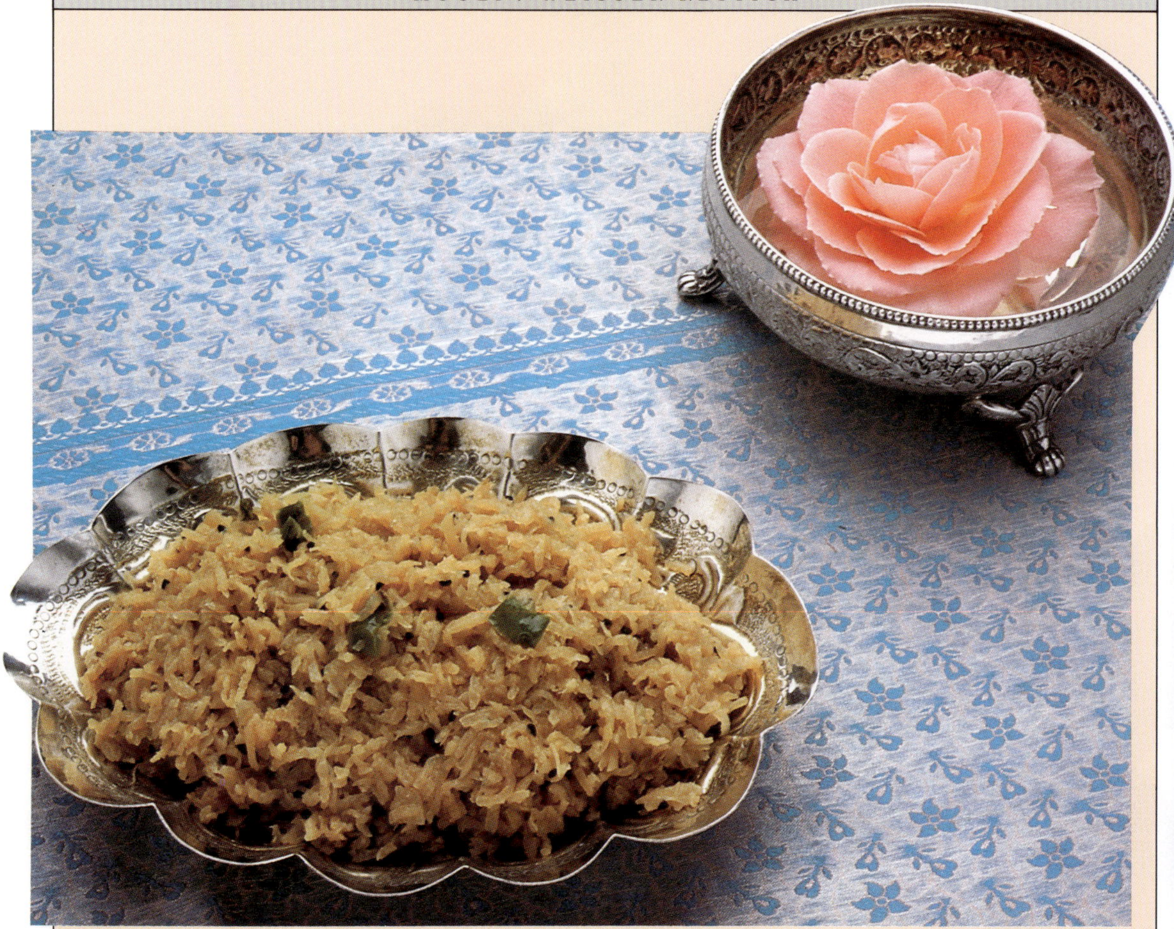

2 EL Öl
1/2 TL Zwiebelsamen
1–2 grüne Chilischoten, gehackt
450 g weißer Rettich, geschält und gerieben
1/2 TL Salz
1/4 TL Zucker

1 Öl in einem Karai erhitzen. Zwiebelsamen und Chilischoten hineingeben und einige Sekunden brutzeln lassen.

2 Rettich dazugeben und 2–3 Min. schmoren. Zudecken, Hitze reduzieren und 15 Min. garen; gelegentlich umrühren.

3 Salz und Zucker dazugeben, auf starke Hitze schalten und ständig umrühren, bis das Gemüse trocken und braun ist.

BUND GOBI AUR MATER / WEISSKOHL MIT ERBSEN

3 EL Öl
2 Lorbeerblätter
³/₄ TL ganze Kreuzkümmelsamen
700 g Weißkohl, feingeraspelt
1 TL Kurkuma, gemahlen
¹/₂ TL Chilipulver
1¹/₂ TL Kreuzkümmel, gemahlen
1 TL Koriander, gemahlen
2 Tomaten, gehackt
³/₄ TL Salz
¹/₂ TL Zucker
100 g Erbsen

1 Öl in einem Karai stark erhitzen. Lorbeerblätter und Kreuzkümmelsamen darin einige Sekunden brutzeln lassen.

2 Weißkohl dazugeben und 2–3 Min. unter ständigem Rühren schmoren.

3 Kurkuma, Chilipulver, gemahlenen Kreuzkümmel, Koriander, Tomaten, Salz und Zucker mit dem Weißkohl verrühren.

4 Hitze reduzieren und zugedeckt 15 Min. garen. Erbsen dazugeben und wieder zudecken. Weitere 15 Min. garen; gelegentlich umrühren.

5 Deckel abnehmen, Hitze reduzieren und unter ständigem Rühren kochen, bis das Gemüse trocken ist.

BHINDI BHAJI / GESCHMORTE OKRASCHOTEN MIT ZWIEBELN

450 g Okraschoten
3 EL Öl
2 große Zwiebeln, feingehackt
1 TL Salz

1 Okraschoten waschen; mit Küchenpapier trockentupfen.

2 In 1 cm große Stücke schneiden.

3 Öl in einem Karai erhitzen und die Zwiebeln bei mittlerer Hitze schmoren, bis sie weich sind.

4 Okraschoten und Salz dazugeben, vorsichtig umrühren und etwa 10–12 Min. schmoren, bis die Okraschoten gar sind. Dazu Reis und Linsen oder Paratha (s. Brot) servieren.

SARSO BHINDI / OKRASCHOTEN MIT SENF

1½ TL Senf, gemahlen
½ TL Kurkuma, gemahlen
¼ TL Chilipulver
¾ TL Salz
2 EL heißes Wasser
450 g Okraschoten
4 EL Öl
½ TL Zwiebelsamen
2–3 grüne Chilischoten, längs durchgeschnitten
1½ EL Joghurt
75 ml Wasser

1 Senf, Kurkuma, Chilipulver und Salz mit dem heißen Wasser verrühren, zudecken und 20 Min. beiseite stellen.

2 Okraschoten waschen und mit Küchenpapier trockentupfen. Nur Spitzen abschneiden, Schoten ganz lassen.

3 Öl in einem Karai stark erhitzen, Zwiebelsamen und Chilischoten dazugeben und einige Sekunden brutzeln lassen.

4 Okraschoten dazugeben und 5 Min. lang unter vorsichtigem Rühren schmoren.

5 Gewürzmischung und Joghurt dazugeben und gut mit den Okraschoten verrühren. Mit Wasser übergießen und aufkochen. Hitze reduzieren und zugedeckt köcheln lassen, bis die Schoten weich sind.

SAI BHAJI / SPINAT MIT LINSEN UND GEMÜSE

50 g Channa Daal (s. S. 30), gewaschen
500 ml Wasser
3 EL Öl
1 mittelgroße Zwiebel, feingehackt
1 cm Ingwerwurzel, gerieben
2 Knoblauchzehen, zerdrückt
250 g Spinat, gewaschen und gehackt
1 mittelgroße Kartoffel, in 1 cm großen Würfeln
3 Tomaten, gehackt
50 g Erbsen
½ TL Kurkuma, gemahlen
½ TL Chilipulver
1 TL Koriander, gemahlen
½ TL Salz

1 Daal in der angegebenen Menge Wasser bei starker Hitze zum Kochen bringen. Zugedeckt etwa 40 Min. köcheln lassen, bis die Linsen weich sind. Abgießen, Flüssigkeit auffangen und, falls zuviel verkocht ist, mit Wasser wieder auf 325 ml auffüllen.

2 Öl in einem großen Topf stark erhitzen und Zwiebeln, Ingwer und Knoblauch weich schmoren.

3 Gegarte Linsen und die restlichen Zutaten hineingeben und 2–3 Min. anbraten. Mit der Flüssigkeit übergießen, zudecken, auf mittlere Hitze reduzieren und etwa 30 Min. garen.

TEL BAIGAN / MASALA AUBERGINE

1 große Aubergine, in großen Stücken
1/2 TL Salz
1 große Prise Kurkuma
8 EL Senföl
1/2 TL Zwiebelsamen
3/4 TL Kurkuma, gemahlen
1/2 TL Chilipulver
1/2 TL Salz
1/4 TL Zucker
4 EL Joghurt
50 ml Wasser
2–3 grüne Chilischoten
1 TL Kreuzkümmel, geröstet, gemahlen (s. Grundrezepte)

1 Auberginenstücke mit dem 1/2 TL Salz und der Prise Kurkuma einreiben und 30 Min. beiseite stellen.

2 Öl in einem Karai stark erhitzen und die Auberginen braun braten. Auf Küchenpapier abtropfen lassen.

3 Auf mittlere Hitze reduzieren und Zwiebelsamen dazugeben. Nach 4–5 Sek. Kurkuma, Chilipulver, Salz, Zucker und Joghurt hineingeben und 1 Min. anbraten.

4 Wasser dazugeben. Wenn es zu kochen beginnt, Auberginen und Chilischoten hineingeben und 5 Min. garen.

5 Mit geröstetem, gemahlenem Kreuzkümmel bestreuen und vom Herd nehmen. Dazu Reis servieren.

DAHI BHINDI / OKRASCHOTEN MIT JOGHURT

450 g Okraschoten
4 EL Öl
½ TL Panch Phoron
1 cm Ingwerwurzel, gerieben
2 grüne Chilischoten, längs durchgeschnitten
1 große Prise Kurkuma
½ TL Salz
125 ml Joghurt
8–10 Curryblätter

1 Okraschoten waschen und mit Küchenpapier trocken-tupfen. In 2,5 cm große Stücke schneiden.

2 Öl in einem Karai stark erhitzen, Panch Phoron, Ingwer und Chilischoten hinzufügen und einige Sekunden brutzeln lassen.

3 Okraschoten hineingeben und unter vorsichtigem Rühren 5 Min. schmoren lassen. Auf mittlere Hitze reduzieren.

4 Kurkuma, Salz und Joghurt dazugeben und vorsichtig mit den Okraschoten verrühren. Zugedeckt 10 Min. garen lassen.

5 Curryblätter dazugeben und weitere 5 Min. garen. Dazu Reis oder Poori (s. Brot) servieren.

2 EL Ghee
¾ TL ganze Kreuzkümmelsamen
2 Lorbeerblätter
700 g Rüben, geschält und geraspelt
½ TL Salz
1 Prise Zucker
½ EL Korianderblätter, gehackt

1 Öl in einem Karai erhitzen, Kreuzkümmelsamen und Lorbeerblätter hineingeben und bei mittlerer Hitze einige Sekunden brutzeln lassen. Rüben dazugeben und unter ständigem
Rühren 3–4 Min. schmoren.

2 Zudecken, Hitze reduzieren und 20–25 Min. garen; gelegentlich umrühren, damit das Gemüse nicht am Boden klebt.

3 Deckel abnehmen, auf mittlere bis starke Hitze schalten,
Salz und Zucker dazugeben und unter ständigem Rühren
schmoren, bis das Gemüse gebräunt und trocken ist.

4 Mit gehackten Korianderblättern bestreut servieren.

SAAG PANIR / SPINAT MIT HÜTTENKÄSE

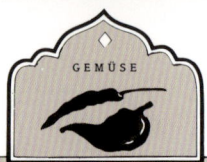

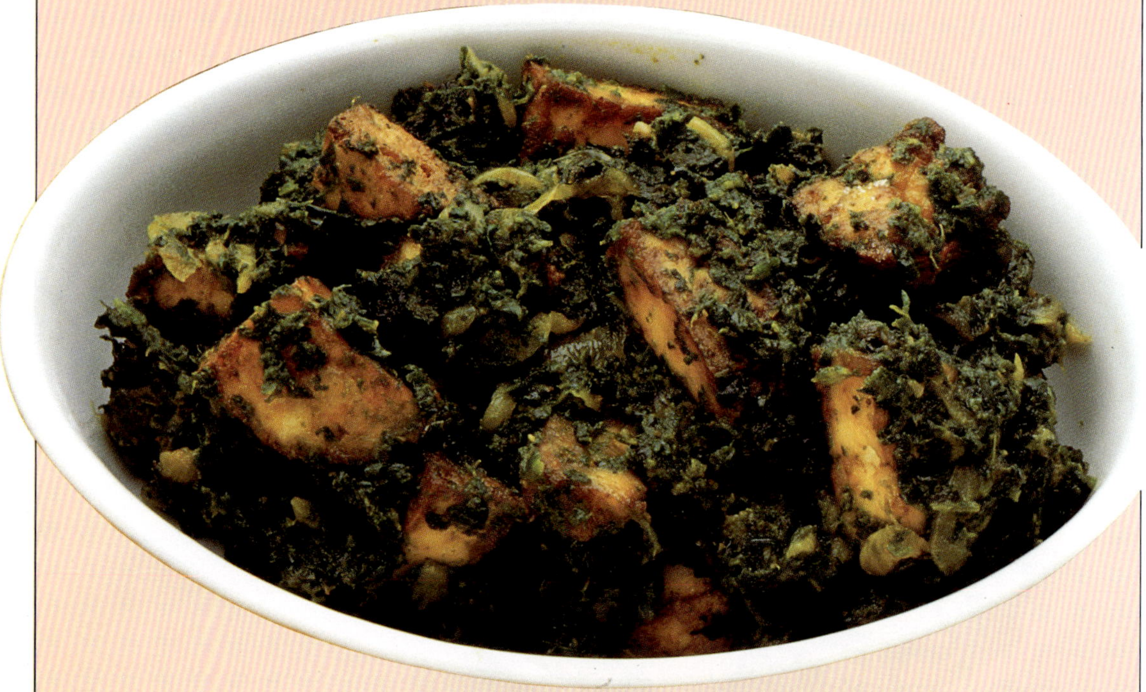

4 EL Öl
175 g Panir (s. Grundrezepte), abgetropft, in 1 cm großen Würfeln
1 große Zwiebel, in dünnen Ringen
4 Knoblauchzehen, zerdrückt
1 cm Ingwerwurzel, gerieben
350 g TK-Spinat, gehackt
1/2 TL Kurkuma, gemahlen
1/3 TL Chilipulver
1 TL Koriander, gemahlen
3/4 TL Salz

1 Öl in einem Karai stark erhitzen und Panir braten, bis es braun ist. Beiseite stellen.

2 Zwiebeln, Knoblauch und Ingwer in das verbliebene Öl geben und goldbraun braten.

3 Spinat, Kurkuma, Chilipulver, Koriander und Salz dazugeben und 2–3 Min. schmoren.

4 Auf mittlere Hitze schalten und zugedeckt 10 Min. garen.

5 Panir dazugeben und unter ständigem Rühren garen, bis die Mischung trocken ist.

PANIR BHIYIA / HÜTTENKÄSE MIT PAPRIKA UND TOMATE

2 EL Öl
1 mittelgroße Zwiebel, feingehackt
1 Knoblauchzehe, zerdrückt
275 g Panir (s. Grundrezepte), abgetropft
½ TL Kurkuma, gemahlen
½ TL Salz
1 kleine grüne Paprika, entkernt, in 1 cm großen Stücken
1 große Tomate, gehackt
1–2 grüne Chilischoten, gehackt
1 EL Korianderblätter, gehackt

1 Öl erhitzen, Zwiebeln und Knoblauch darin 5 Min. braten.

2 Panir, Kurkuma und Salz dazugeben und 5 Min. anbraten.

3 Paprika und Tomate hineingeben und 8–10 Min. garen; dabei gelegentlich umrühren.

4 Mit Chilischoten und Korianderblättern bestreuen und vom Herd nehmen. Dazu Poori (s. Brot) servieren.

MASALA KARELA / WÜRZIGER BITTERKÜRBIS

2 große Bitterkürbisse, in dünnen Scheiben
1 EL Öl
1 Knoblauchzehe, zerdrückt
4–6 Curryblätter
1–2 grüne Chilischoten, gehackt
½ TL Kurkuma, gemahlen
¼ TL Chilipulver
½ TL Salz

1 Kürbisscheiben waschen und trockentupfen.

2 Öl in einem Karai stark erhitzen, Knoblauch, Curryblätter und Chilischoten hineingeben und 10 Sek. braten.

3 Gemüse, Kurkuma, Chilipulver und Salz dazugeben und 10–15 Min. weich schmoren; gelegentlich umrühren.

MATER PANIR / HÜTTENKÄSE MIT ERBSEN

6 EL Öl
250 g Panir (s. Grundrezepte), abgetropft, in 1 cm großen Würfeln
6 EL Zwiebelmischung (s. Grundrezepte)
1 TL Kurkuma, gemahlen
½ TL Chilipulver
1 TL Koriander, gemahlen
¾ TL Salz
150 g Erbsen
200 ml Wasser
1 EL Korianderblätter, gehackt (nach Belieben)

1 Öl in einem Karai stark erhitzen und Panir braten, bis es goldbraun ist. Herausnehmen und auf Küchenpapier abtropfen lassen.

2 Zwiebelmischung in dem restlichen Öl unter ständigem Rühren 3 Min. schmoren. Kurkuma, Chilipulver, Koriander und Salz hineingeben und weitere 2–3 Min. schmoren.

3 Erbsen hineingeben und gründlich mischen. Wasser dazugießen und zum Kochen bringen. Zudecken, Hitze reduzieren und 5 Min. köcheln lassen. Panirstücke vorsichtig hineingeben und weiter 10 Min. köcheln lassen. Mit Korianderblättern garnieren und heiß servieren.

DHOKKAR DALNA / CURRY MIT GEBRATENEM LINSENKUCHEN

125 g Channa Daal, gewaschen
800 ml Wasser
¾ TL Salz
½ TL Kurkuma, gemahlen
1 cm Ingwerwurzel, gerieben
2 EL Kokosflocken
2 grüne Chilischoten
125 ml Wasser
14 EL Öl
3 mittelgroße Kartoffeln, in 2,5 cm großen Stücken
½ TL ganze Kreuzkümmelsamen
2 Lorbeerblätter
1 TL Kurkuma, gemahlen
½ TL Chilipulver
1½ TL Kreuzkümmel, gemahlen
1 TL Koriander, gemahlen
½ TL Salz
2 Tomaten, gehackt
300 ml Wasser
1 TL Ghee (s. Grundrezepte)
½ TL Garam Masala (s. Grundrezepte)

1 Daal in 800 ml Wasser über Nacht einweichen. Abgießen.

2 Daal mit ¾ TL Salz, ½ TL Kurkuma, Ingwer, Kokosflocken, Chilischoten und 125 ml Wasser in einem Mixer zu einer glatten, cremigen Paste verarbeiten.

3 In einem Karai 8 EL Öl erhitzen und die Daal-Mischung darin schmoren, bis sie sich von den Rändern löst und eine Kugel bildet. 1 cm dick auf einem eingefetteten Blech verstreichen. Abkühlen lassen. In 2,5 cm große Quadrate schneiden.

4 Das restliche Öl in einem Karai stark erhitzen und jeweils einige Daal-Würfel goldbraun braten. Beiseite stellen.

5 Kartoffeln hellbraun braten. Beiseite stellen.

6 Auf mittlere Hitze reduzieren, Kreuzkümmelsamen und Lorbeerblätter im verbliebenen Öl einige Sekunden brutzeln lassen.

7 Kurkuma, Chilipulver, Kreuzkümmel, Koriander, Salz und Tomaten hinzufügen und 2 Min. schmoren. Wasser dazugießen und zum Kochen bringen.

8 Kartoffeln dazugeben und zugedeckt 10 Min. kochen. Gebackene Daal-Würfel dazugeben, zudecken und garen, bis die Kartoffeln weich sind.

9 Ghee unterrühren und mit Garam Masala bestreuen. Vom Herd nehmen. Heiß mit Reis oder Pillau servieren.

SUKHI BEAN AUR NARIAL / BOHNEN MIT KOKOS

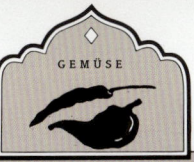

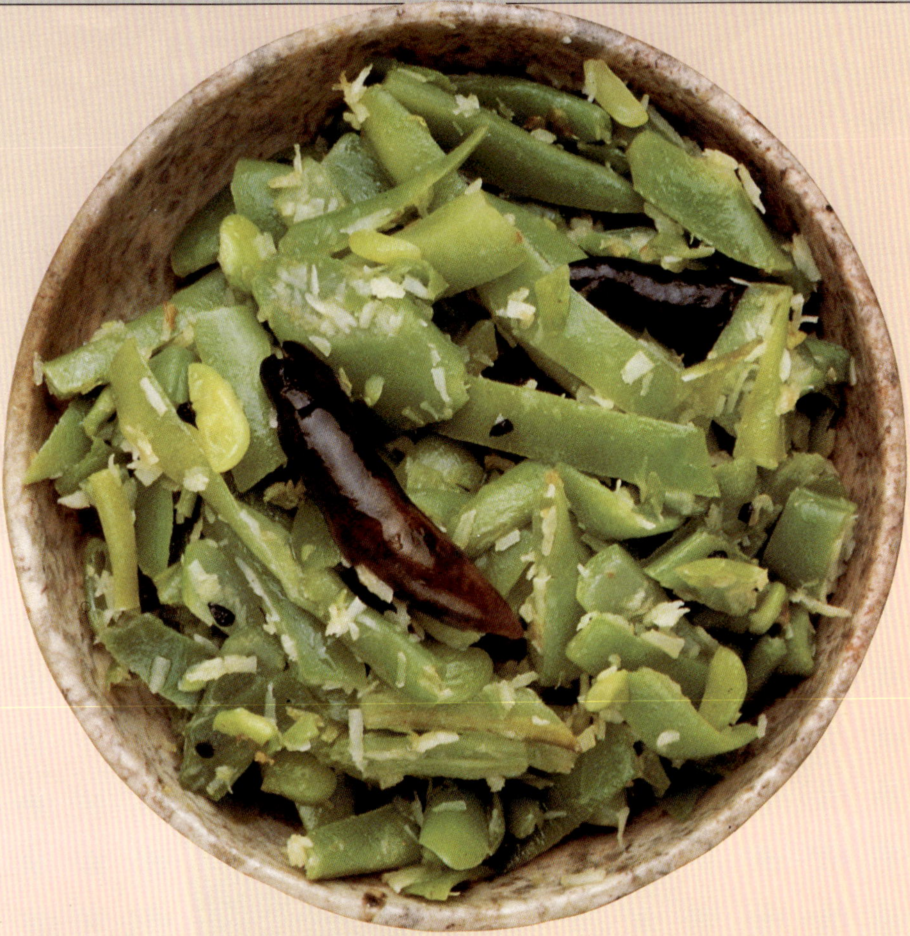

3 EL Öl

½ TL Zwiebelsamen

2–3 rote Chilischoten, getrocknet

450 g grüne Bohnen, gewaschen, in 2,5 cm langen Stücken

2 EL Kokosflocken

½ TL Salz

1 Öl in einem Karai stark erhitzen, Zwiebelsamen und Chilischoten dazugeben und einige Sekunden brutzeln lassen.

2 Bohnen dazugeben und 10 Min. anbraten.

3 Kokosflocken und Salz dazugeben und gut mit den Bohnen vermischen. 5–7 Min. garen, dabei ständig umrühren, damit die Mischung nicht klebt. Dazu Poori (s. Brot) servieren.

BAIGAN BHARTA / WÜRZIGE AUBERGINEN

500 g Auberginen
3 EL Öl
1 große Zwiebel, feingehackt
3 Tomaten, gehackt
1 EL Korianderblätter, gehackt
1–2 grüne Chilischoten, gehackt
½ TL Kurkuma, gemahlen
½ TL Chilipulver
¾ TL Koriander, gemahlen
¾ TL Salz

1 Auberginen 15 Min. unter einen vorgeheizten Grill legen, dabei häufig wenden, bis die Haut schwarz und das Fleisch weich wird. Haut entfernen, Fleisch zu Mus zerdrücken.

2 Öl in einem Karai erhitzen und die Zwiebeln anbraten, bis sie weich sind. Tomaten, Korianderblätter und Chilischoten dazugeben und weitere 2–3 Min. schmoren.

3 Auberginenmus, Kurkuma, Chilipulver, Koriander und Salz unterrühren.

4 Weitere 10–12 Min. schmoren. Dazu Chappati (s. Brot) servieren.

MALAI BAIGAN / AUBERGINEN MIT SAURER SAHNE

1 große Aubergine, in 1 cm dicken Scheiben
½ TL Salz
½ TL Kurkuma, gemahlen
1 Prise Zucker
8 EL Öl
1 Prise Asafetida
2 EL Zwiebelmischung (s. Grundrezepte)
1 TL Kreuzkümmel, gemahlen
1 TL Koriander, gemahlen
½ TL Chilipulver
1 große Prise Zucker
½ TL Salz
125 g saure Sahne

1 Auberginenscheiben mit ½ TL Salz, ½ TL Kurkuma und einer Prise Zucker einreiben und 30 Min. beiseite stellen.

2 Öl in einer großen Bratpfanne stark erhitzen und die Auberginenscheiben braun schmoren. Auf Küchenpapier abtropfen lassen.

3 Auf mittlere Hitze reduzieren und Asafetida in das restliche Öl geben. 3–4 Sek. braten, Zwiebelmischung, Kreuzkümmel, Koriander, Chilipulver, Zucker und Salz dazugeben und 2 Min. schmoren.

4 Saure Sahne dazugeben und gut mit den Gewürzen mischen. Auberginenscheiben hineinlegen. Zugedeckt 10 Min. schmoren lassen. Dazu Chappati (s. Brot) servieren.

BAIGAN PORA / GESCHMORTE AUBERGINE

1 große Aubergine
1 kleine Zwiebel, feingehackt
1–2 grüne Chilischoten, feingehackt
½ TL Salz
2–3 EL Senföl

1 Aubergine etwa 15 Min. unter einen vorgeheizten Grill legen; dabei häufig wenden, bis die Haut schwarz und das Fleisch weich wird.

2 Haut abziehen und das Fleisch zerdrücken.

3 Restliche Zutaten zu dem Auberginenmus geben und gut mischen.

SARSO BAIGAN / AUBERGINE MIT SENF

1 große Aubergine, der Länge nach in Stücke geschnitten
½ TL Salz
¼ TL Zucker
1 große Prise Kurkuma, gemahlen
8 EL Öl
½ TL Zwiebelsamen
2 TL Senfkörner, gemahlen
½ TL Chilipulver
½ TL Kurkuma, gemahlen
¾ TL Salz
1 TL Kokosflocken
100 ml Wasser

1 Auberginenstücke mit ½ TL Salz, Zucker und der großen Prise Kurkuma einreiben und 30 Min. beiseite stellen.

2 Öl in einem Karai erhitzen und die Auberginenstücke bei mittlerer Hitze schmoren, bis sie braun sind. Auf Küchenpapier abtropfen lassen.

3 Zwiebelsamen in dem restlichen Öl einige Sekunden brutzeln lassen. Senf, Chilipulver, Kurkuma, Salz und Kokosflocken dazugeben. 1 Min. schmoren, dann das Wasser dazugießen.

4 Wenn die Mischung zu kochen beginnt, Auberginenstücke hineingeben. Hitze reduzieren, zugedeckt 10 Min. garen.

JHINGE POSTO / SCHWAMMGURKE MIT MOHNSAMEN

2 EL Mohnsamen	
1–2 grüne Chilischoten	
4 EL Öl	
½ TL Zwiebelsamen	
1–2 rote Chilischoten, getrocknet	
900 g Schwammgurke, geschält, in 1 cm dicken Scheiben	
½ TL Kurkuma, gemahlen	
¾ TL Salz	

1 Mohnsamen und grüne Chilis zu einer Paste zerreiben.

2 Öl in einem Karai stark erhitzen, Zwiebelsamen und rote Chilischoten zufügen und wenige Sekunden brutzeln lassen.

3 Gurkenscheiben, Kurkuma und Salz dazugeben und einige Minuten anbraten.

4 Zudecken, auf mittlere Hitze reduzieren und 10–15 Min. garen. Mohn-Chili-Paste dazugeben.

5 Noch einmal auf mittelstarke Hitze hochschalten und ständig umrühren, bis die Mischung trocken ist.

ALOO DAM / KARTOFFEL-CURRY

6 EL Öl
4 EL Zwiebelmischung (s. Grundrezepte)
700 g kleine Kartoffeln, geschält und gekocht
½ TL Kurkuma, gemahlen
½ TL Chilipulver
¾ TL Salz
1 große Prise Zucker
175 ml Wasser
½ TL Garam Masala (s. Grundrezepte)

1 Öl in einem Karai stark erhitzen, Zwiebelmischung dazugeben und unter häufigem Umrühren 5 Min. schmoren.

2 Kartoffeln, Kurkuma, Chilipulver, Salz und Zucker hinzufügen und weitere 2–3 Min. schmoren; dabei ständig umrühren, damit nichts anklebt.

3 Wasser zugießen; wenn es kocht, zudecken, Hitze reduzieren und ca. 10 Min. köcheln lassen, bis die Mischung andickt.

4 Mit Garam Masala bestreuen und vom Herd nehmen. Dazu Paratha (s. Brot) oder Reis servieren.

ALOO AUR CAPSICUM / KARTOFFELN MIT PAPRIKA UND KOKOS

3 EL Öl

½ TL ganze Senfkörner

1 Prise Asafetida

6–8 Curryblätter

450 g Kartoffeln, gekocht, gepellt, in 1 cm großen Würfeln

1 grüne Paprikaschote, entkernt, in 1 cm großen Stücken

3 EL Kokosflocken

½ TL Salz

2 grüne Chilischoten, gehackt

1 EL Korianderblätter, gehackt

1 Öl in einem Karai erhitzen, Senfkörner, Asafetida und Curryblätter dazugeben und 3–4 Sek. brutzeln lassen.

2 Kartoffeln und Paprika hineingeben und 5 Min. anbraten.

3 Kokosflocken und Salz hinzufügen und weitere 5–7 Min. schmoren; dabei gelegentlich umrühren.

4 Mit gehackten Chilischoten und Korianderblättern bestreuen und vom Herd nehmen. Heiß mit Poori (s. Brot) servieren.

ALOO GOBI DALNA / BLUMENKOHL-KARTOFFEL-CURRY

6 EL Öl

450 g Kartoffeln, geschält und geviertelt

1 kleiner Blumenkohl, in große Röschen zerteilt

1 Prise Asafetida

¾ TL Kurkuma, gemahlen

½ TL Chilipulver

1½ TL Kreuzkümmel, gemahlen

¾ TL Salz

1 große Prise Zucker

2 Tomaten, gehackt

275 ml Wasser

2 TL Ghee (s. Grundrezepte)

½ TL Garam Masala (s. Grundrezepte)

1 Öl in einem Karai stark erhitzen.

2 Jeweils einige Kartoffelstücke nacheinander hellbraun braten. Herausnehmen und beiseite stellen.

3 Ebenso jeweils einige Blumenkohlröschen braten, bis sich braune Flecken bilden. Herausnehmen und beiseite stellen.

4 Auf mittlere Hitze reduzieren, Asafetida und nach 3–4 Sek. auch Kurkuma, Chilipulver, Kreuzkümmel, Salz und Zucker dazugeben. Gut mischen, Tomaten hineingeben und 1 Min. mit den Gewürzen schmoren.

5 Wasser dazugießen und zum Kochen bringen. Kartoffeln hineingeben und zugedeckt 10 Min. garen.

6 Blumenkohl dazugeben und zugedeckt weitere 5–7 Min. garen, bis Kartoffeln und Blumenkohl weich sind.

7 Ghee dazugeben und mit Garam Masala bestreuen. Vom Herd nehmen und heiß mit Reis und roten Linsen servieren.

ALOO POSTO / KARTOFFELN MIT MOHNSAMEN

3 EL Öl
450 g Kartoffeln, in 2 cm großen Würfeln
2 EL Mohnsamen, gemahlen
1 EL Kokosflocken
¾ TL Salz
1 große Prise Zucker
2–3 grüne Chilischoten, gehackt

1 Öl in einem Karai erhitzen. Kartoffeln unter gelegentlichem Rühren etwa 15 Min. braten, bis sie fast gar sind.

2 Mohnsamen, Kokosflocken, Salz, Zucker und Chilischoten dazugeben und garen, bis die Kartoffeln weich sind. Dazu Reis servieren.

IMLEE ALOO / KARTOFFELN MIT TAMARINDE

6 EL Öl
1 EL ganze Kreuzkümmelsamen
2 große Zwiebeln, feingehackt
4 Knoblauchzehen, zerdrückt
800 g kleine Kartoffeln, geschält und gekocht
1 cm Ingwerwurzel, gerieben
½ TL Kurkuma, gemahlen
¼ TL Chilipulver
¾ TL Salz
1 TL Zucker
75 ml dicker Tamarindensaft (s. Grundrezepte)
½ TL Kreuzkümmel, gemahlen, geröstet (s. Grundrezepte)

1 Öl in einem Karai stark erhitzen. Kreuzkümmelsamen hineingeben und einige Sekunden brutzeln lassen.

2 Zwiebeln und Knoblauch dazugeben und schmoren, bis die Zwiebeln weich sind.

3 Auf mittlere Hitze schalten, Kartoffeln und Ingwer hineingeben und 5–7 Min. schmoren; dabei gelegentlich umrühren.

4 Kurkuma, Chilipulver, Salz, Zucker und Tamarindensaft dazugeben und 10–15 Min. kochen lassen.

5 Mit dem gemahlenen Kreuzkümmel bestreuen und vom Herd nehmen.

ALOO CHOKKA / TROCKENE KARTOFFELN

6 EL Senföl
¾ TL Zwiebelsamen
650 g Kartoffeln, in dünnen Streifen
½ TL Kurkuma, gemahlen
1 TL Salz
3–4 grüne Chilischoten

1 Öl in einem Karai stark erhitzen. Zwiebelsamen hineingeben und einige Sekunden brutzeln lassen.

2 Kartoffeln hineingeben und 2–3 Min. braten.

3 Kurkuma, Salz und Chilischoten mit den Kartoffeln gut vermischen.

4 Auf mittlere Hitze reduzieren, zugedeckt noch einmal 15–20 Min. garen, bis die Kartoffeln weich sind; dabei gelegentlich umrühren.

BAKED GOBI / GEBACKENER BLUMENKOHL

4 mittelgroße Tomaten
1 große Zwiebel
3 Knoblauchzehen
1 cm Ingwerwurzel
2 EL Ghee (s. Grundrezepte)
¾ TL Kurkuma, gemahlen
½ TL Chilipulver
½ TL Garam Masala (s. Grundrezepte)
175 g Erbsen
½ TL Salz
1 mittelgroßer Blumenkohl, blanchiert

1 Tomaten, Zwiebel, Knoblauch und Ingwer im Mixer zu einer Paste verarbeiten.

2 Ghee in einer Bratpfanne erhitzen, Tomatenpaste, Kurkuma, Chilipulver und Garam Masala dazugeben und 5–6 Min. anbraten, bis sich Ghee und Gewürze trennen.

3 Erbsen und Salz dazugeben und weitere 5 Min. unter ständigem Rühren erhitzen. Vom Herd nehmen.

4 Blumenkohl in eine große feuerfeste Form legen und die Gewürze darübergießen. Im auf 190 °C vorgeheizten Backofen 30–35 Min. garen. Auf einem flachen Teller, mit Erbsen und Gewürzen übergossen, servieren.

| 4 EL Öl |
| 2 mittelgroße Zwiebeln, feingehackt |
| 450 g Kartoffeln, in 2 cm großen Stücken |
| 1 kleiner Blumenkohl, in 2 cm großen Stücken |
| ½ TL Kurkuma, gemahlen |
| ⅓ TL Chilipulver |
| 1 TL Kreuzkümmel, gemahlen |
| 2 Tomaten, gehackt |
| 1 TL Salz |
| ¼ TL Zucker |
| 200 g Erbsen |
| ½ TL Garam Masala (s. Grundrezepte) |

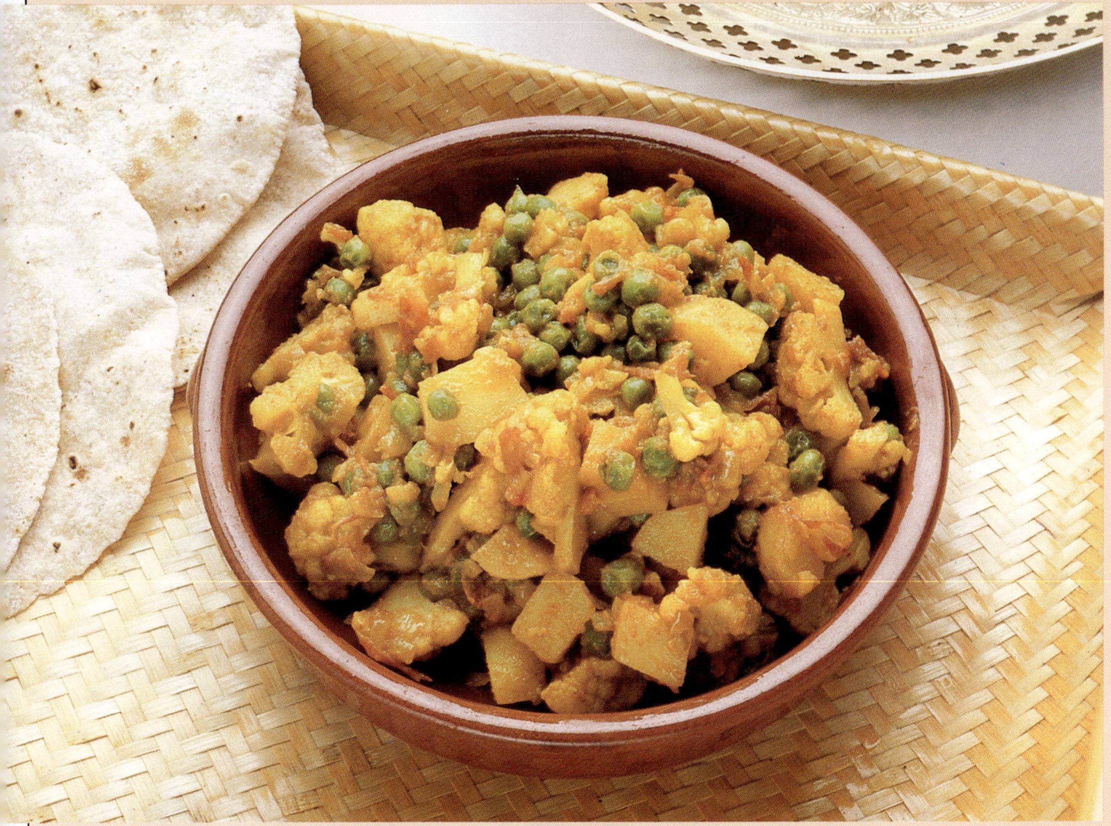

1 Öl in einem Karai stark erhitzen.

2 Zwiebeln dazugeben und 3–4 Min. hellbraun schmoren.

3 Kartoffeln und Blumenkohl unterrühren. Kurkuma, Chili-pulver, Kreuzkümmel, Tomaten, Salz und Zucker dazugeben und 2–3 Min. anbraten.

4 Erbsen hineingeben, auf mittlere bis schwache Hitze her-unterschalten und zugedeckt etwa 20 Min. garen, bis Kartof-feln und Blumenkohl weich sind. Während der Garzeit das Ge-müse hin und wieder umrühren, damit es nicht anklebt.

5 Vor dem Servieren mit Garam Masala bestreuen.

ALOO GOBI CHOKKA / TROCKENE KARTOFFELN MIT BLUMENKOHL

3 EL Öl
¾ TL Zwiebelsamen
3–4 grüne Chilischoten, halbiert
1 kleiner Blumenkohl, in 2 cm großen Stücken
450 g Kartoffeln, in 2 cm großen Stücken
¾ TL Salz

1 Öl in einem Karai stark erhitzen, Zwiebelsamen und Chili-schoten hineingeben und einige Sekunden brutzeln lassen.

2 Kartoffeln und Blumenkohl darin 1–2 Min. lang wenden.

3 Auf mittlere bis schwache Hitze herunterschalten und zuge-deckt 15–20 Min. garen; dabei gelegentlich umrühren, damit nichts am Boden kleben bleibt.

4 Salz dazugeben, Hitze hochschalten und unter ständigem Rühren Kartoffeln und Blumenkohl weich schmoren. Dazu Lucchi (s. Brot) servieren.

KHUMBI, ALOO AUR PYAZ / PILZE MIT KARTOFFELN UND ZWIEBELN

5 EL Öl
1 große Kartoffel, in 2 cm großen Stücken
4 Kardamomschoten
4 cm Zimtstange
2 Lorbeerblätter
1 große Zwiebel, in dünnen Ringen
2 Knoblauchzehen, zerdrückt
2 cm Ingwerwurzel, gerieben
1 TL Kurkuma, gemahlen
½ TL Chilipulver
½ TL Salz
1 große Prise Zucker
1½ TL weißer Essig
250 g Pilze, geviertelt

1 Öl in einem Karai stark erhitzen. Kartoffeln hineingeben und 2–3 Min. goldbraun braten. Herausnehmen und beiseite stellen.

2 Kardamomschoten, Zimt und Lorbeerblätter in dem gleichen Öl einige Sekunden brutzeln lassen.

3 Zwiebeln, Knoblauch und Ingwer hineingeben und in etwa 4–5 Min. weich und goldbraun werden lassen.

4 Kurkuma, Chilipulver, Salz, Zucker und Essig hineingeben und unter ständigem Rühren noch 1 Min. schmoren lassen.

5 Pilze und Kartoffeln gründlich mit der Gewürzmischung verrühren.

6 Auf mittlere Hitze schalten und zugedeckt 15 Min. garen, bis auch die Kartoffeln weich sind.

AVIAL / GEMÜSE IN JOGHURT-KOKOS-SOSSE

2 grüne Bananen, geschält, in 1 cm großen Stücken
100 g grüne Bohnen, in 1 cm großen Stücken
50 g Möhren, in 0,5 cm großen Würfeln
50 g Erbsen
300 ml Wasser
¾ TL Chilipulver
½ TL Kurkuma, gemahlen
¾ TL Salz
200 g Joghurt, ungesüßt
2 grüne Chilischoten, gehackt
1 TL Koriander, gemahlen
2 EL Kokosflocken
1 EL Öl
½ TL ganze Senfkörner
6–8 Curryblätter

1 Gemüse, Chilipulver, Kurkuma, Salz und Wasser in einem großen Topf zum Kochen bringen. Etwa 20 Min. köcheln lassen, bis das Gemüse weich ist. Vom Herd nehmen.

2 Joghurt, Chilischoten, Koriander und Kokosflocken kräftig verrühren und beiseite stellen.

3 Öl in einem großen Topf stark erhitzen. Senfkörner und Curryblätter hineingeben und nach 5–6 Sek. das Gemüse mit der Flüssigkeit zufügen. 2–3 Min. kochen lassen. Hitze reduzieren, Joghurtmischung dazugeben und weitere 4–5 Min. kochen lassen; gelegentlich umrühren. Dazu Reis servieren.

MASALA KADDU / KÜRBIS MIT GEWÜRZEN

2 EL ÖI	
½ TL Zwiebelsamen	
2 rote Chilischoten, getrocknet	
1 große Zwiebel, in dünnen Ringen	
450 g Kürbis, in 1 cm großen Würfeln	
½ TL Kurkuma, gemahlen	
½ TL Chilipulver	
½ TL Salz	

1 Öl in einem Karai stark erhitzen, Zwiebelsamen und Chilischoten hineingeben und etwa 15 Sek. brutzeln lassen. Zwiebeln dazugeben und goldbraun werden lassen.

2 Kürbis, Kurkuma, Chilipulver und Salz dazugeben und etwa 2–3 Min. anbraten. Auf mittlere Hitze schalten und zugedeckt weitere 10 Min. garen. Heiß mit Lucchi (s. Brot) servieren.

KARHI / JOGHURT-CURRY

Pakoras:

4 EL Kichererbsenmehl
¼ TL Salz
1 Prise Kurkuma, gemahlen
etwa 40 ml Wasser
Öl zum Fritieren

Curry:

200 g Joghurt, ungesüßt
300 ml Wasser
1 EL Kichererbsenmehl
1 EL Öl
¼ TL Bockshornkleesamen
1 Prise Asafetida
6–8 Curryblätter
2 grüne Chilischoten, gehackt
½ TL Kurkuma, gemahlen
½ TL Chilipulver
½ TL Salz

Pakoras:

1 Kichererbsenmehl, Salz und Kurkuma vermengen. So viel Wasser dazugeben, bis ein dicker Teig entsteht.

2 Öl stark erhitzen. Teig eßlöffelweise in das heiße Öl geben und goldbraun und knusprig fritieren. Abtropfen lassen und beiseite stellen.

Curry:

1 Joghurt, Wasser und Kichererbsenmehl glattrühren.

2 Pakoras 3–4 Min. in eine Schüssel mit Wasser legen. Vorsichtig soviel Wasser wie möglich ausdrücken; beiseite stellen.

3 In einem großen Topf 1 EL Öl erhitzen, Bockshornkleesamen, Asafetida, Curryblätter und Chilischoten hineingeben und 10 Sek. brutzeln lassen.

4 Joghurtmischung, Kurkuma, Chilipulver und Salz dazugeben und langsam zum Kochen bringen.

5 Hitze reduzieren, Pakoras dazugeben und etwa 10 Min. köcheln lassen, bis die Soße andickt. Heiß mit Reis servieren.

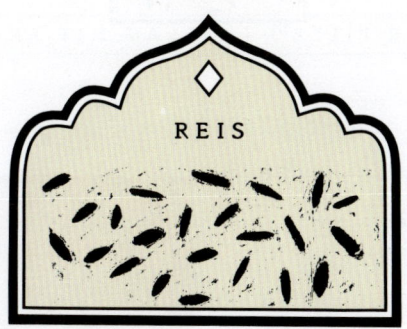

REIS

Mater Pillau / Pillau mit Erbsen *82*

Khumbi Pillau / Pillau mit Pilzen *83*

Sada Chawal I / Einfacher Reis I *84*

Sada Chawal II / Einfacher Reis II *84*

Ghee Bhat / Gebratener Reis *85*

Narial Aur Dudh Pillau / Pillau mit Kokos und Milch *86*

Khichuri I / Reis-Linsen-Curry *87*

Khichuri II / Reis mit Linsen *88*

Der »König unter den Reissorten« ist der Basmati, der aus Dehra Dun kommt, einer Stadt in den Hügeln rund 200 km nördlich von Delhi, die einst von den Briten als Sommerresidenz gegründet wurde. Dieser Reis hat einen einzigartigen Geschmack und ist von allerhöchster Qualität. Weitere Reissorten sind der pakistanische Basmati, Patna und Tilds. Aber auch der amerikanische Langkornreis eignet sich gut für die Zubereitung von indischen Gerichten.

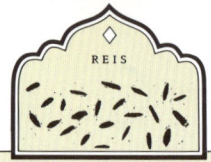

MATER PILLAU / PILLAU MIT ERBSEN

3 EL Öl
½ TL ganze Kreuzkümmelsamen
1 mittelgroße Zwiebel, feingehackt
100 g Erbsen
300 g Basmati-Reis, gewaschen und abgetropft
1 TL Salz
800 ml Wasser

1 Öl in einem großen Topf erhitzen, Kreuzkümmelsamen hineingeben und einige Sekunden brutzeln lassen.

2 Zwiebeln hinzufügen und schmoren, bis sie weich sind. Erbsen, Reis und Salz dazugeben und etwa 5 Min. anbraten. Wasser dazugießen und zum Kochen bringen.

3 Fest verschließen, Hitze sehr niedrig einstellen und ungefähr 20 Min. kochen lassen, bis das gesamte Wasser aufgesogen ist. Pillau mit einer Gabel auflockern und heiß servieren.

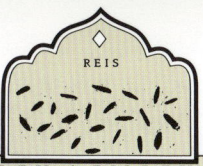

KHUMBI PILLAU / PILLAU MIT PILZEN

2 EL Öl
2 Lorbeerblätter
5 cm Zimtstange
4 Kardamomschoten
1 große Zwiebel, feingehackt
175 g Pilze, in Scheiben
300 g Basmati-Reis, gewaschen und abgetropft
1 TL Salz
800 ml Wasser

1 Öl in einem großen Topf stark erhitzen. Lorbeerblätter, Zimt und Kardamomschoten hineingeben und einige Sekunden brutzeln lassen.

2 Zwiebeln hineingeben und schmoren, bis sie weich sind. Pilze dazugeben und etwa 5 Min. schmoren, bis die Feuchtigkeit vollständig verdampft ist.

3 Reis und Salz hineingeben und 2–3 Min. anbraten. Wasser dazugießen und zum Kochen bringen.

4 Fest verschließen, Hitze sehr niedrig einstellen und ungefähr 20 Min. kochen lassen, bis das gesamte Wasser aufgesogen ist. Pillau mit einer Gabel auflockern und heiß servieren.

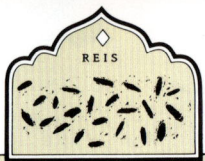

SADA CHAWAL I / EINFACHER REIS I

300 g Basmati-Reis

800 ml kaltes Wasser

1 Den Reis drei- oder viermal in kaltem Wasser waschen und abtropfen lassen.

2 Den abgegossenen Reis in einen großen Topf füllen und die angegebene Wassermenge darübergießen. Bei starker Hitze schnell zum Kochen bringen. Umrühren.

3 Hitze reduzieren, den Reis zugedeckt ungefähr 20 Min. garen, bis alles Wasser aufgesogen oder verdampft ist.

4 Reis mit einer Gabel auflockern und heiß servieren.

SADA CHAWAL II / EINFACHER REIS II

300 g Basmati-Reis

2,75 l Wasser

1 Den Reis drei- oder viermal in kaltem Wasser waschen, danach 1 Std. lang in 1,6 l Wasser einweichen. Abtropfen lassen.

2 Den abgegossenen Reis in einen großen Topf geben und 2,75 l Wasser darübergießen. Bei starker Hitze zum Kochen bringen und 5 Min. sprudelnd kochen, bis der Reis gar ist. Abgießen. Reis mit einer Gabel auflockern und heiß servieren.

GHEE BHAT / GEBRATENER REIS

300 g Basmati-Reis, gekocht und abgekühlt
3 EL Ghee (s. Grundrezepte)
2 Lorbeerblätter
5 cm Zimtstange
4 Kardamomschoten
3 große Zwiebeln, in dünnen Ringen
3 grüne Chilischoten, der Länge nach zerschnitten
1 TL Salz
½ TL Zucker
2 EL Rosinen (nach Belieben)

1 Ghee in einer großen Bratpfanne stark erhitzen. Lorbeerblätter, Zimt und Kardamomschoten hineingeben und einige Sekunden brutzeln lassen.

2 Zwiebeln und Chilischoten zufügen und braten, bis die Zwiebeln goldbraun sind.

3 Reis, Salz, Zucker und Rosinen hineingeben und weiterbraten, bis der Reis durch und durch heiß ist.

NARIAL AUR DUDH PILLAU / PILLAU MIT KOKOS UND MILCH

300 g Basmati-Reis, gewaschen und abgetropft
2 EL Kokosflocken
2–3 grüne Chilischoten
1 TL Salz
½ TL Zucker
2 EL Rosinen
1 EL Pistazien, abgezogen, in dünne Stifte geschnitten
2 Lorbeerblätter
5 cm Zimtstange
4 Kardamomschoten
3 EL Ghee (s. Grundrezepte)
550 ml Milch
250 ml Wasser

1 Reis mit Kokosflocken, Chilis, Salz, Zucker, Rosinen, Pistazien, Lorbeerblättern, Zimt und Kardamomschoten verrühren.

2 Ghee in einem großen Topf erhitzen. Reismischung hineingeben und unter ständigem Rühren 5 Min. sautieren.

3 Milch und Wasser hinzufügen, auf starke Hitze schalten und zum Kochen bringen. Umrühren.

4 Bei sehr niedriger Hitze die Mischung etwa 20 Min. zugedeckt kochen, bis alle Flüssigkeit aufgesogen oder verdampft ist. Pillau mit einer Gabel auflockern; heiß servieren.

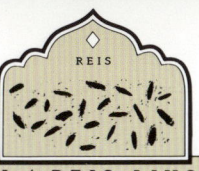

KHICHURI I / REIS-LINSEN-CURRY

200 g Basmati-Reis, gewaschen und abgetropft

50 g Moong Daal, gewaschen und abgetropft

700 ml Wasser

1½ EL Ghee (s. Grundrezepte)

1 Reis und Linsen zusammen 1 Std. lang in reichlich Wasser einweichen. Abgießen.

2 Reis-Linsen-Mischung mit der angegebenen Wassermenge in einem großen Topf bei starker Hitze aufkochen. Hitze sehr niedrig einstellen, zugedeckt 20 Min. garen, bis alle Flüssigkeit aufgesogen ist. Vom Herd nehmen.

3 Ghee in einer kleinen Pfanne sehr stark erhitzen, über die fertige Reis-Linsen-Mischung gießen und unterrühren. Heiß mit Sai Bhaji (s. Gemüse), Poppadums und Joghurt servieren.

KHICHURI II / REIS MIT LINSEN

75 g Moong Daal
75 g rote Linsen, gewaschen
6 EL Öl
2 Lorbeerblätter
5 cm Zimtstange
4 Kardamomschoten
3 Knoblauchzehen, zerdrückt
2,5 cm Ingwerwurzel, gerieben
1 große Zwiebel, in dünnen Ringen
1 TL Kurkuma, gemahlen
1/2 TL Chilipulver
1 TL Salz
1/3 TL Zucker
1 Tomate, gehackt
75 g Basmati-Reis, gewaschen und abgetropft
1,25 l Wasser
3–4 grüne Chilischoten, längs halbiert

1 Moong Daal in einer kleinen Pfanne bei mittlerer Hitze trocken rösten, bis sie leicht gebräunt sind. Vom Herd nehmen, gründlich waschen und mit den roten Linsen mischen. In einem Sieb abtropfen lassen.

2 Öl in einer großen Pfanne erhitzen. Lorbeerblätter, Zimtstange und Kardamomschoten hineingeben und einige Sekunden brutzeln lassen.

3 Knoblauch, Ingwer und Zwiebeln dazugeben und schmoren, bis die Zwiebeln goldbraun sind.

4 Kurkuma, Chilipulver, Salz, Zucker und Tomate dazugeben und gründlich mischen. Reis und Linsen zufügen und weitere 5–7 Min. schmoren.

5 Wasser dazugießen. Wenn es zu kochen beginnt, Hitze reduzieren und 35–40 Min. köcheln lassen.

6 Chilischoten dazugeben, vom Herd nehmen. Dazu zerlassenes Ghee (s. Grundrezepte) und Batora (s. Brot) servieren.

BROT

Poori / Fritiertes braunes Brot *92*

Aloo Paratha / Gefülltes Brot in Schichten *93*

Batora / Joghurtbrot *94*

Mater Kachori / Gefülltes fritiertes Brot *95*

Lucchi / Fritiertes weißes Brot *96*

Naan / Hefebrot *97*

Chappati / Vollkornbrot ohne Hefe *98*

Paratha / Schichtbrot *99*

Brot kann man braten oder grillen. Mit jedem normalen Gas-oder Elektroherd lassen sich die verschiedenen Brotsorten grillen, aber die besten Ergebnisse erzielt man mit einem Tandoor. Dabei handelt es sich um einen faßförmigen Ton-ofen, durch den das Brot sein besonderes Holzkohlenaroma erhält. Grillen Sie Ihr Brot doch einmal über offenem Feuer, und achten Sie auf die Resonanz bei Ihren Gästen.
Inder essen diese Brotsorten mit den Fingern. Brechen oder reißen Sie ein Stück ab, und tauchen Sie es in etwas Curry. Oder wickeln Sie trockenes Gemüse in ein kleines Stück Brot.
Vergessen Sie nicht, sich die Finger abzulecken!

POORI / FRITIERTES BRAUNES BROT

200 g Vollkornmehl
½ TL Salz
2 EL Öl
etwa 90 ml heißes Wasser
Öl zum Fritieren

1 Mehl und Salz zusammen durchsieben. Öl unterkneten. So viel Wasser dazugeben, daß ein fester Teig entsteht.

2 Teig etwa 10 Min. auf einer mit Mehl bestäubten Arbeitsfläche kneten, bis er weich und glatt ist.

3 Aus der Mischung 20 Bällchen formen.

4 Bällchen einzeln auf einer leicht eingeölten Arbeitsfläche flach drücken und zu Kreisen von 10 cm Durchmesser ausrollen. (Pooris nicht aufeinanderlegen, weil sie kleben.)

5 Öl in einem Karai sehr stark erhitzen, ein Poori hineingeben und mit einer Schaumkelle in die Mitte drücken, so daß der Teig aufgeht. Schnell wenden und die andere Seite einige Sekunden fritieren. Abtropfen lassen und heiß servieren.

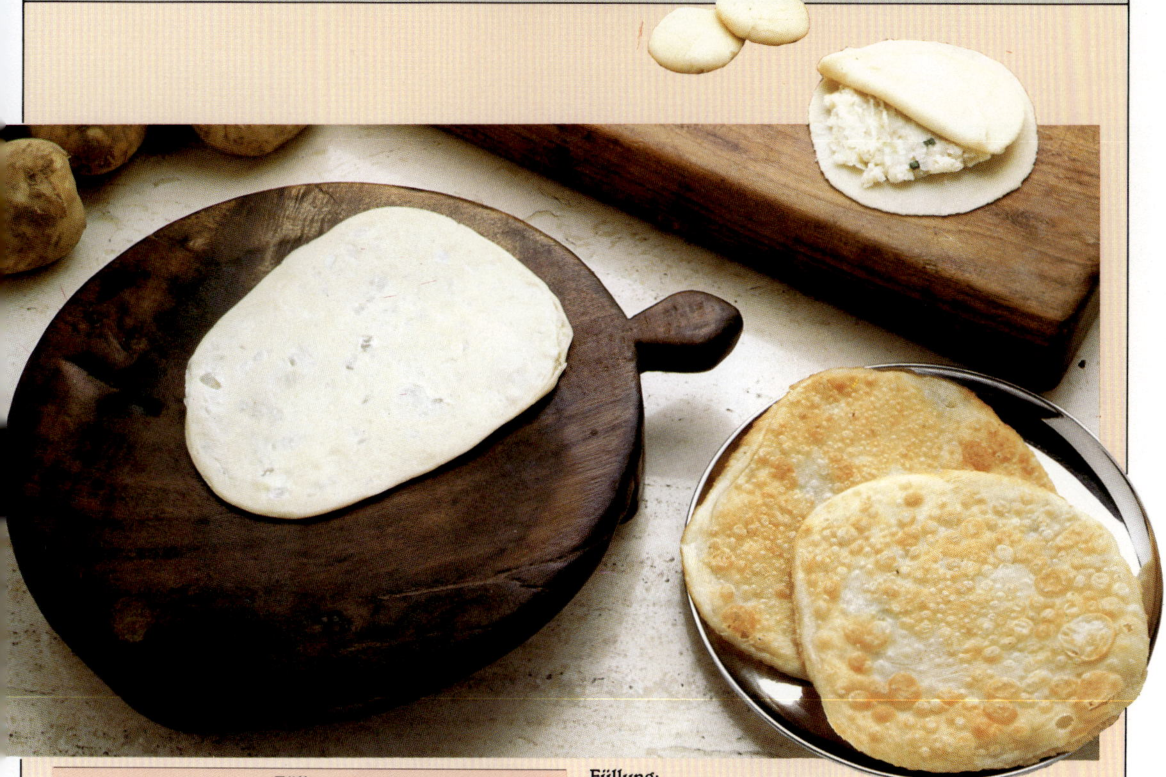

Füllung:
450 g Kartoffeln, gekocht und zerstampft
1 kleine Zwiebel, feingehackt
1–2 grüne Chilischoten, feingehackt
1 EL Korianderblätter, gehackt
¾ TL Salz
¾ TL Kreuzkümmel, gemahlen, geröstet (s. Grundrezepte)

Teig:
300 g Mehl
½ TL Salz
4 EL Öl
etwa 150 ml heißes Wasser
Ghee (s. Grundrezepte) zum Braten

Füllung:

1 Alle Zutaten mischen und beiseite stellen.

Teig:

1 Mehl und Salz zusammen durchsieben. Öl unterkneten. Soviel Wasser dazugeben, daß ein fester Teig entsteht. Etwa 10 Min. kneten, bis er weich und glatt ist. Mischung in 20 Bällchen aufteilen.

2 Jeweils 2 Bällchen zu Kreisen von 10 cm Durchmesser ausrollen. Etwa 1½–2 EL Füllung auf einen der Kreise geben und gleichmäßig verstreichen. Den zweiten Kreis auf die Füllung legen, Ränder mit etwas Wasser schließen.

3 Vorsichtig zu einem Kreis von 18 cm ausrollen, ohne dabei die Füllung herauszudrücken. Alle Parathas so verarbeiten.

4 Bratpfanne erhitzen. Jeweils ein Paratha hineinlegen und etwa 1 Min. braten, bis braune Bläschen erscheinen. Wenden und die andere Seite braten.

5 Etwa 2 TL Ghee in die Pfanne geben und noch einmal alle Parathas nacheinander 2–3 Min. goldbraun backen. Wenden und die andere Seite backen. Wenn nötig, mehr Ghee dazugeben. Warm servieren.

BATORA / JOGHURTBROT

200 g Mehl
1½ TL Backpulver
½ TL Salz
1 TL Zucker
1 Ei, verquirlt
etwa 3 EL Joghurt
Öl zum Fritieren

1 Mehl, Backpulver und Salz sieben, Zucker unterrühren.

2 Ei und so viel Joghurt hinzugeben, daß ein fester Teig entsteht. 10–15 Min. kneten, bis der Teig weich und glatt ist. Mit einem Tuch zudecken und 3–4 Std. ruhen lassen.

3 Dann den Teig noch einmal 5 Min. kräftig durchkneten und in 12–14 Bällchen aufteilen.

4 Die Bällchen auf einer mit Mehl bestäubten Arbeitsfläche zu Kreisen von 12,5 cm Durchmesser ausrollen.

5 Öl in einem Karai sehr stark erhitzen. Batoras backen, dabei in der Mitte mit einer Schaumkelle andrücken, so daß der Teig aufgeht. Wenden und auch von der anderen Seite einige Sekunden hellbraun fritieren. Abtropfen lassen. Heiß mit Kabli Channa oder Chole (s. Hülsenfrüchte) servieren.

MATER KACHORI / GEFÜLLTES FRITIERTES BROT

Füllung:
1 EL Ghee (s. Grundrezepte)
1 Prise Asafetida
½ cm Ingwerwurzel, gerieben
200 g Erbsen, gekocht und zerdrückt
¼ TL Chilipulver
¼ TL Salz
½ TL Garam Masala (s. Grundrezepte)
Teig:
200 g Mehl
½ TL Salz
1½ TL Ghee (s. Grundrezepte)
etwa 100 ml heißes Wasser
Öl zum Fritieren

Füllung:

1 Ghee in einem Karai erhitzen, Asafetida und Ingwer dazugeben und einige Sekunden braten.

2 Zerdrückte Erbsen, Chilipulver und Salz hinzufügen und
unter ständigem Rühren etwa 5 Min. braten, bis die Mischung
sich vom Rand löst und eine Kugel bildet. Garam Masala unterrühren, beiseite stellen und abkühlen lassen.

Teig:

1 Mehl und Salz zusammen durchsieben, Ghee unterkneten.
Soviel Wasser dazugeben, daß ein fester Teig entsteht. Etwa
10 Min. kneten, bis der Teig weich und geschmeidig ist, und in
20 Bällchen aufteilen.

2 In jeden Ball mit dem Daumen in der Mitte eine Vertiefung
drücken und 1 TL Füllung hineingeben. Öffnung verschließen
und wieder eine Kugel formen.

3 Flach drücken und auf einer leicht eingeölten Arbeitsfläche
zu Kreisen von 10 cm Durchmesser vorsichtig ausrollen. Es
dürfen beim Ausrollen keine Löcher entstehen.

4 Öl in einem Karai sehr stark erhitzen. Kachori einzeln vorsichtig hineingeben, in der Mitte andrücken, so daß der Teig
aufgeht. Von beiden Seiten hellgoldbraun fritieren. Auf Küchenpapier abtropfen lassen. Heiß mit Aloo Dam (s. Gemüse)
servieren.

LUCCHI / FRITIERTES WEISSES BROT

350 g Mehl
½ TL Salz
2 EL Öl
etwa 175 ml heißes Wasser
Öl zum Fritieren

1 Mehl und Salz zusammen durchsieben. Öl unterkneten.

2 Nach und nach soviel Wasser dazugeben, daß ein fester Teig entsteht. Etwa 10 Min. kneten, bis der Teig weich und geschmeidig ist.

3 In etwa 40 Bällchen aufteilen, flach drücken.

4 Jeweils einige Bällchen auf einer leicht eingeölten Arbeitsfläche zu Kreisen von 10 cm Durchmesser ausrollen. (Nicht alle Bällchen auf einmal ausrollen, da sie leicht kleben.)

5 Öl in einem Karai sehr stark erhitzen. Ein Lucchi hineingeben, in der Mitte mit einem Schaumlöffel andrücken, damit der Teig aufgeht. Umdrehen und von der anderen Seite einige Sekunden fritieren. Abtropfen lassen und heiß servieren.

NAAN / HEFEBROT

1 TL Trockenhefe	
1 TL Zucker	
75 ml lauwarmes Wasser	
250 g Mehl	
½ TL Salz	
¾ TL Backpulver	
1 EL Öl	
etwa 3 EL Joghurt	

1 Hefe und Zucker in das Wasser rühren und 15–20 Min. beiseite stellen, bis die Flüssigkeit Blasen wirft.

2 Mehl, Salz und Backpulver sieben. In die Mitte eine Vertiefung drücken, Hefe-Mischung, Öl und Joghurt hineingeben. Etwa 10 Min. kneten, bis der Teig nicht mehr klebt.

3 Teig in einer eingeölten Plastiktüte 2–3 Std. an einem warmen Platz bis zu doppeltem Umfang aufgehen lassen.

4 Weitere 1–2 Min. kneten und in 12 Bällchen teilen. Zu Kreisen von 18 cm Durchmesser ausrollen.

5 Soviele Kreise wie möglich auf ein Backblech legen und im auf 220 °C vorgeheizten Ofen von beiden Seiten je 4–5 Min. backen, bis braune Flecken erscheinen. Einige Sekunden unter einen heißen Grill legen, bis sie leicht gebräunt sind.

6 Die schon fertigen Naan in Alufolie warmhalten.

CHAPPATI / VOLLKORNBROT OHNE HEFE

250 g Vollkornmehl

½ TL Salz

etwa 150 ml heißes Wasser

2 EL zerlassenes Ghee (s. Grundrezepte)

1 Mehl und Salz zusammen durchsieben. Soviel Wasser dazugeben, daß ein weicher Teig entsteht.

2 Etwa 10 Min. kneten, bis der Teig nicht mehr klebrig ist. Zugedeckt 1 Std. ruhen lassen.

3 Teig in 12–14 Bällchen aufteilen. Auf einer bemehlten Arbeitsfläche zu Kreisen von 15 cm Durchmesser ausrollen.

4 Grill sehr stark vorheizen.

5 Eine Bratpfanne erhitzen und ein Chappati hineinlegen. Von beiden Seiten jeweils 2 Min. bei mittlerer Hitze braten, bis braune Flecken erscheinen.

6 Chappati für einige Sekunden unter den heißen Grill legen, wo sie aufgehen werden. Umdrehen und noch einmal einige Sekunden grillen.

7 Fertige Chappati in eine Schüssel legen, mit etwas zerlassenem Ghee bestreichen und zugedeckt warmhalten.

PARATHA / SCHICHTBROT

350 g Mehl
½ TL Salz
4 EL Öl
etwa 175 ml heißes Wasser
3 gehäufte EL Ghee (s. Grundrezepte), zerlassen

1 Mehl und Salz zusammen durchsieben. Öl unterkneten.

2 Wasser nach und nach dazugeben, bis ein weicher Teig entsteht. Etwa 10 Min. kneten, bis er nicht mehr klebrig ist.

3 Teig in 16 Bällchen aufteilen. Jeden Ball zu einem Kreis von 20 cm Durchmesser ausrollen.

4 Kreis mit etwas Ghee bestreichen, zu einem Halbkreis zusammenlegen. Noch einmal mit etwas Ghee bestreichen und zu einem kleinen Dreieck zusammenfalten. Dieses Dreieck auf einer mit Mehl bestäubten Arbeitsfläche dünn ausrollen.

5 Eine Bratpfanne erhitzen und ein ausgerolltes Dreieck hineinlegen. Von beiden Seiten jeweils 1 Min. backen, bis braune Bläschen erscheinen. Mit alle Dreiecken so verfahren. (Fertige Parathas in Alufolie warmhalten, während die restlichen zubereitet werden.)

DESSERTS

Sandesh / Käse-Fondant *102*

Sooji Halva / Grieß-Halva *103*

Malpoa / Krapfen in Sirup *104*

Payodhi / Überbackener Joghurt *105*

Shrikhand / Joghurt mit Safran *106*

Rassogolla / Käsebällchen in Sirup *107*

Kamla Khir / Khir mit Orangen *109*

Gajar Halva / Möhren-Halva *110*

Chaler Payesh / Reispudding *111*

*Inder freuen sich auf ihr Dessert, und oft ist es der Höhepunkt
der Mahlzeit. Die meisten Süßspeisen bestehen hauptsächlich
aus Milch und können im voraus zubereitet werden.*

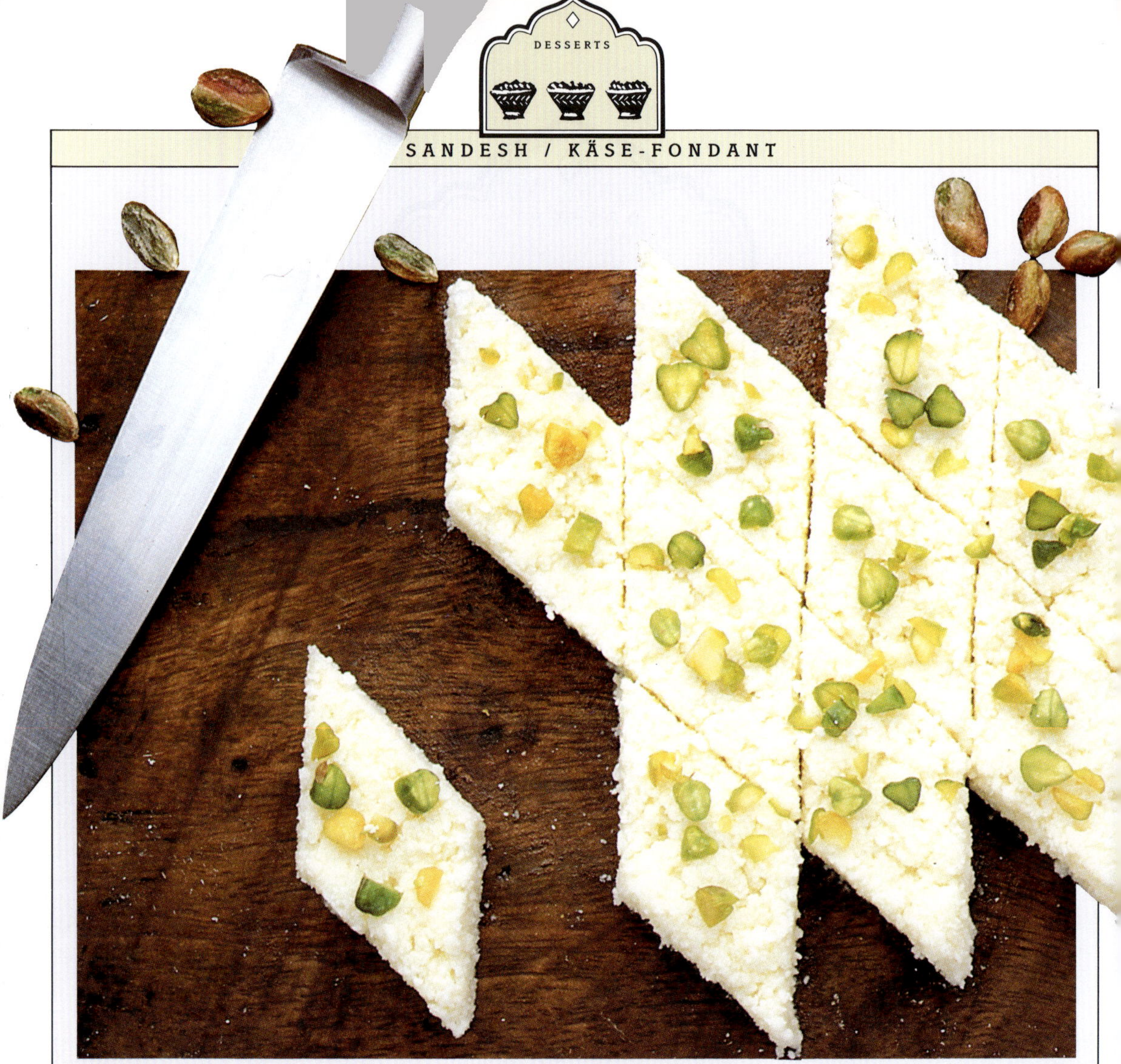

| 350 g Panir (s. Grundrezepte), abgetropft |
| 75 g Zucker |
| 1 EL Pistazien, feingehackt |

1 Panir auf einen Teller legen und mit der Handfläche weich und cremig reiben.

2 Panir bei mittlerer Hitze in einen Karai geben, Zucker hinzufügen und unter ständigem Rühren kochen, bis sich die Masse von den Rändern löst und eine Kugel bildet.

3 Vom Herd nehmen und 1 cm dick auf einer Servierplatte verstreichen. Etwas abkühlen lassen, mit Pistazien bestreuen und in kleine Rauten schneiden. Warm oder kalt servieren.

SOOJI HALVA / GRIESS-HALVA

3 EL Ghee (s. Grundrezepte)
25 g Mandeln, blanchiert, gestiftelt
100 g Grieß
1 EL Rosinen
400 ml Milch
60 g Zucker

1 Ghee in einem Karai erhitzen.

2 Mandeln dazugeben und 1–2 Min. goldbraun rösten. Mit einer Schaumkelle herausnehmen und auf Küchenpapier abtropfen lassen.

3 Grieß im Karai unter ständigem Rühren goldbraun rösten. Rosinen dazugeben und mit dem Grieß verrühren.

4 Milch und Zucker zufügen und unter Rühren erhitzen, bis die Mischung sich vom Rand löst und eine Kugel bildet.

5 Mit Mandeln garniert in einer flachen Schale servieren.

200 g Mehl
1½ TL Backpulver
175 g Joghurt
etwa 175 ml Milch
225 g Zucker
450 ml Wasser
Öl zum Fritieren

1 Mehl und Backpulver durchsieben und Joghurt unterrühren. Nur soviel Milch zugießen, bis ein fester Teig entsteht.

2 Zucker und Wasser 10 Min. kochen.

3 Öl in einem Karai stark erhitzen. Jeweils 1 EL Teig hineingeben und knusprig und goldbraun fritieren. Auf Küchenpapier abtropfen lassen.

4 Fritierte Krapfen 5 Min. in den Sirup legen. Heiß oder kalt mit etwas Sirup servieren.

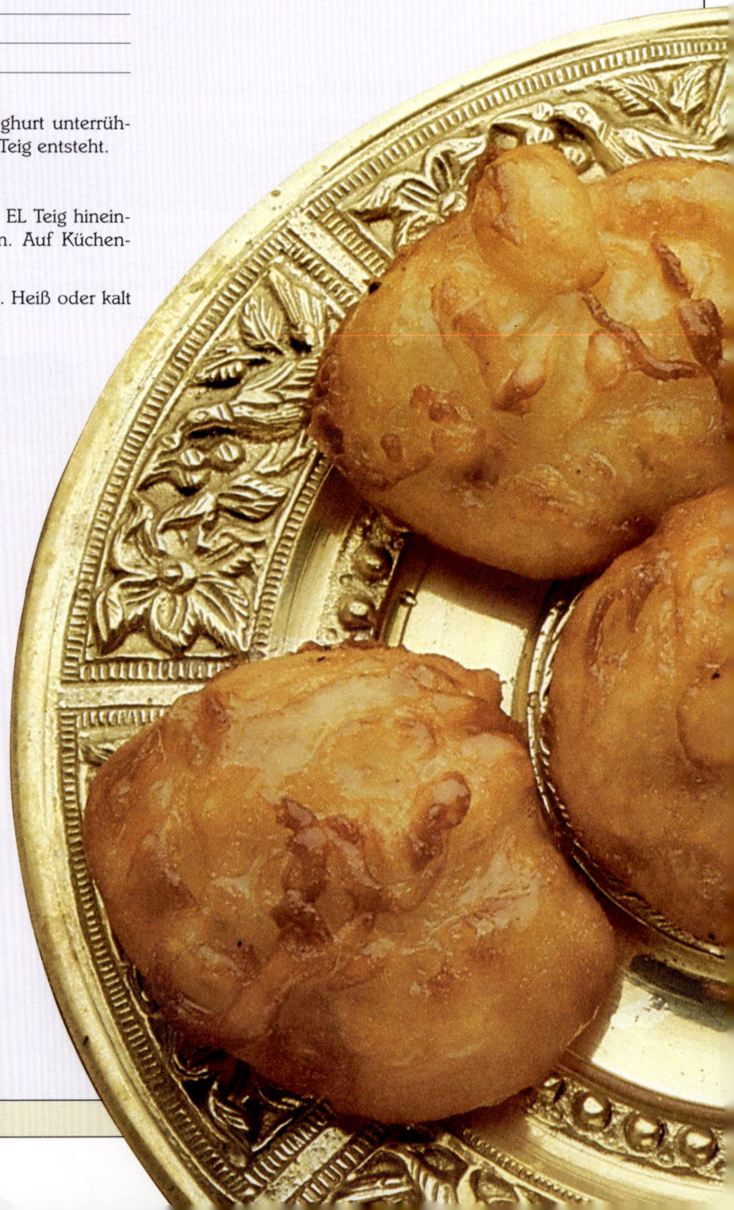

PAYODHI / ÜBERBACKENER JOGHURT

800 ml Kondensmilch
500 g Joghurt
1 EL Pistazien, abgezogen und gehackt

1 Backofen auf 225 °C vorheizen.

2 Kondensmilch und Joghurt 1 Min. lang verrühren.

3 In eine feuerfeste Form gießen und in den vorgeheizten Ofen stellen.

4 Backofen nach 6 Min. abschalten und die Form über Nacht darin stehen lassen.

5 Kalt stellen und vor dem Servieren mit gehackten Pistazien garnieren.

| 550 g Joghurt |
| 1/4 TL Safran |
| 1 EL warme Milch |
| 100 g Zucker |
| 2 EL Pistazien, abgezogen und gehackt |

1 Joghurt in einen Musselinbeutel füllen und 4–5 Std. aufhängen, damit das überschüssige Wasser abtropft.

2 Safran 30 Min. in der Milch einweichen.

3 Abgetropften Joghurt, Zucker und Safranmilch glatt und cremig rühren.

4 In eine Schüssel füllen und mit Pistazien garnieren. In den Kühlschrank stellen, bis die Mischung fest ist. (Bei Schritt 3 kann zusätzlich frisches Obst untergerührt werden.)

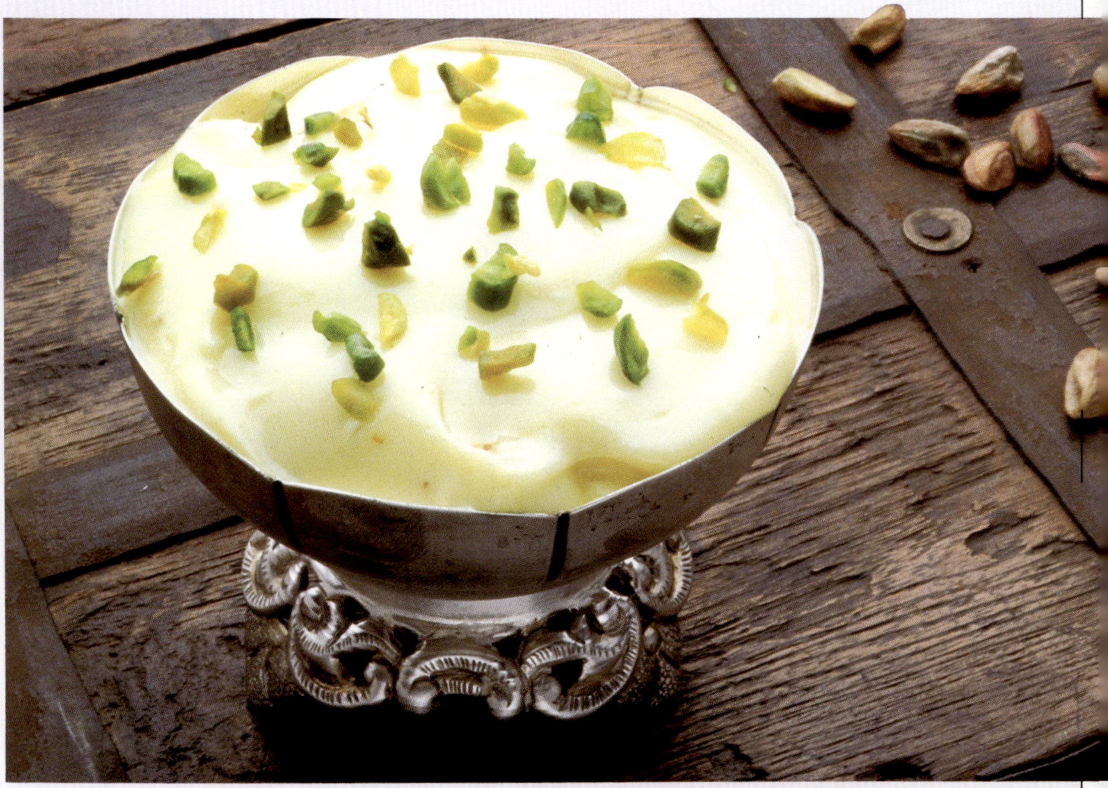

RASSOGOLLA / KÄSEBÄLLCHEN IN SIRUP

300 g Panir (s. Grundrezepte), abgetropft
175 g Ricottakäse
350 g Zucker
1,25 l Wasser

1 Panir und Ricottakäse mit der Handfläche glatt und cremig reiben. In 16 Bällchen aufteilen.

2 Zucker und Wasser 5 Min. bei mittlerer Hitze kochen. Bällchen in den Sirup geben und 40 Min. kochen lassen.

3 Zugedeckt weitere 30 Min. kochen lassen. Warm oder kalt servieren.

KAMLA KHIR / KHIR MIT ORANGEN

1,15 l Milch
40 g Zucker
2 Orangen, geschält

1 Milch in einem großen Topf unter ständigem Rühren aufkochen. Zucker unterrühren. Hitze reduzieren und auf mehr als die Hälfte (ca. 400 ml) einkochen; dabei gelegentlich umrühren. Abkühlen lassen.

2 Orangen von allen weißen Fasern befreien, in Spalten zerteilen und in die Milch geben. Gekühlt servieren.

GAJAR HALVA / MÖHREN-HALVA

450 g Möhren, geschält und gerieben
850 ml Milch
125 g Zucker
3 Kardamomschoten
4 EL Ghee (s. Grundrezepte)
2 EL Rosinen
2 EL Pistazien, abgezogen und gehackt

1 Möhren, Milch, Zucker und Kardamomschoten in einen großen Topf geben und aufkochen. Auf mittlere bis schwache Hitze herunterschalten und kochen lassen, bis alle Flüssigkeit verdampft ist; gelegentlich umrühren.

2 Ghee in einer großen Bratpfanne erhitzen, gegarte Möhren, Rosinen und Pistazien hineingeben und unter ständigem Rühren 15–20 Min. braten, bis die Mischung trocken und rötlich gefärbt ist. Heiß oder kalt servieren.

CHALER PAYESH / REISPUDDING

1,25 l Milch
1 EL Basmati-Reis, gewaschen
2 EL Zucker
1 EL Rosinen
½ TL Kardamom, gemahlen
1½ EL Pistazien, abgezogen und gehackt

1 Milch in einem großen Topf aufkochen; dabei ständig um-rühren.

2 Hitze herunterschalten und 20 Min. köcheln lassen. Reis und Zucker hinzufügen und weitere 35–40 Min. köcheln las-sen, bis die Milch auf die Hälfte eingekocht ist. Gelegentlich umrühren, damit die Milch nicht am Topfboden anbrennt.

3 Rosinen und Kardamom dazugeben und weitere 3–4 Min. unter ständigem Rühren kochen lassen.

4 Vom Herd nehmen und mit den Pistazien garnieren. Heiß oder kalt servieren.

CHUTNEYS
UND RELISHES

Boondi Raita / Joghurt mit Boondi *114*

Kheera Raita / Joghurt mit Gurke *114*

Aloo Raita / Joghurt mit Kartoffeln *115*

Baigan Raita / Joghurt mit Aubergine *115*

Pudina Chutney / Minze-Chutney *116*

Dhaniya Chutney / Koriander-Chutney *116*

Imleeki Chutney / Tamarinden-Chutney *117*

Tamatar Ki Chutney / Tomaten-Chutney *117*

Anaras Ki Chutney / Ananas-Chutney *118*

Cachumbar / Relish mit Tomate, Gurke und Zwiebel *119*

CHUTNEYS
UND RELISHES

BOONDI RAITA / JOGHURT MIT BOONDI

| 75 g Boondi |
| 300 g Joghurt, ungesüßt |
| ½ TL Salz |
| ½ TL Chilipulver |
| 1 Prise Paprika |
| 1 Prise Garam Masala (s. Grundrezepte) |

1 Boondi 10–15 Min. in wenig kaltem Wasser einweichen.

2 Joghurt in einer Schüssel glattrühren. Salz und Chilipulver untermischen.

3 Boondi vorsichtig ausdrücken und zu dem gewürzten Joghurt geben. Gut mischen und kalt stellen. Vor dem Servieren mit Paprika und Garam Masala bestreuen.

KHEERA RAITA / JOGHURT MIT GURKE

| 300 g Joghurt, ungesüßt |
| 1–2 grüne Chilischoten, gehackt |
| 2 EL Korianderblätter, gehackt |
| ½ Gurke, in dünnen Scheiben |
| ½ TL Chilipulver |
| ½ TL Kreuzkümmel, gemahlen, geröstet (s. Grundrezepte) |
| ½ TL Salz |

1 Joghurt in einer Schüssel glattrühren.

2 Alle anderen Zutaten dazugeben und gut vermischen. Kalt stellen.

ALOO RAITA / JOGHURT MIT KARTOFFELN

| 450 g Joghurt, ungesüßt |
| 250 g Kartoffeln, gekocht, in 0,5 cm großen Würfeln |
| 1 kleine Zwiebel, feingehackt |
| ½ TL Salz |
| ¼ TL schwarzer Pfeffer, gemahlen |
| ½ TL Kreuzkümmel, gemahlen, geröstet (s. Grundrezepte) |
| 1 grüne Chilischote, gehackt |
| 1 EL Korianderblätter |

1 Joghurt in einer Schüssel glattrühren.

2 Kartoffeln, Zwiebel, Salz, Pfeffer und Kreuzkümmel dazugeben und vorsichtig unterheben. Kalt stellen.

3 Mit Chili und Korianderblättern bestreut servieren.

BAIGAN RAITA / JOGHURT MIT AUBERGINE

| 6–8 EL Öl |
| 1 kleine Aubergine, in kleinen Stücken |
| 300 g Joghurt, ungesüßt |
| ½ TL Salz |
| ½ TL Kreuzkümmel, gemahlen, geröstet (s. Grundrezepte) |
| ½ TL Chilipulver |

1 Öl in einem Karai erhitzen und die Auberginenstücke schmoren, bis sie braun sind. Abtropfen lassen.

2 Joghurt in einer Schüssel glattrühren. Salz, Kreuzkümmel und Chilipulver dazugeben und gründlich mischen.

3 Geschmorte Auberginenstücke in eine Schüssel füllen und mit dem gewürzten Joghurt übergießen. Kalt stellen.

PUDINA CHUTNEY / MINZE-CHUTNEY

| 50 g Minzeblätter, gewaschen |
| 50 ml Tamarindensaft (s. Grundrezepte) |
| 2 EL Zwiebeln, gehackt |
| 2 Knoblauchzehen |
| 2 cm Ingwerwurzel |
| 2–3 grüne Chilischoten |
| ½ TL Salz |
| ½ TL Zucker |

Alle Zutaten in einem Mixer zu einer glatten Paste verarbeiten.
Schmeckt zu allem Gebratenen. (Hält sich im Kühlschrank in
einem luftdichten Behälter etwa eine Woche.)

DHANIYA CHUTNEY / KORIANDER-CHUTNEY

| 75 g Korianderblätter |
| 4 Knoblauchzehen |
| 3 EL Kokosflocken |
| 2 grüne Chilischoten |
| 2–3 EL Zitronensaft |
| ½ TL Salz |
| ¼ TL Zucker |

1 Koriander hacken, untere Stiele und eventuell vorhandene
Wurzeln wegwerfen.

2 Koriander und alle anderen Zutaten im Mixer zu einer glatten Paste verarbeiten. Schmeckt zu allem Gebratenen. (Hält
sich im Kühlschrank in einem luftdichten Behälter etwa eine
Woche.)

CHUTNEYS
UND RELISHES

IMLEEKI CHUTNEY / TAMARINDEN-CHUTNEY

100 g Tamarinden
300 ml heißes Wasser
¼ TL Chilipulver
1 EL Zitronensaft
2 EL brauner Zucker
¼ TL Salz

1 Tamarinden etwa 30 Min. in der angegebenen Menge Wasser einweichen. Tamarinden ausdrücken und durchseihen.

2 Tamarindensaft mit den anderen Zutaten vermischen und kalt stellen.

TAMATAR KI CHUTNEY / TOMATEN-CHUTNEY

1 EL Öl
½ TL Panch Phoron
450 g Tomaten, geviertelt
½ EL Salz
1 EL Zucker
1 TL Speisestärke, mit etwas Milch verrührt

1 Öl in einem kleinen Topf erhitzen. Panch Phoron darin einige Sekunden brutzeln lassen.

2 Tomaten dazugeben und zugedeckt weich kochen. Salz und Zucker hinzufügen und weitere 10 Min. kochen.

3 Mit der Speisestärkemischung andicken und vom Herd nehmen. Kalt stellen.

½ EL Öl

½ TL ganze Senfkörner

240 g Ananas aus der Dose, abgetropft und zerdrückt

1 große Prise Salz

1 TL Speisestärke, mit etwas Milch verrührt

1 Öl in einem kleinen Topf erhitzen. Senfkörner darin einige Sekunden brutzeln lassen.

2 Ananas und Salz dazugeben und etwa 10 Min. kochen; gelegentlich umrühren.

3 Mit der Speisestärkemischung andicken und vom Herd nehmen. Kalt stellen.

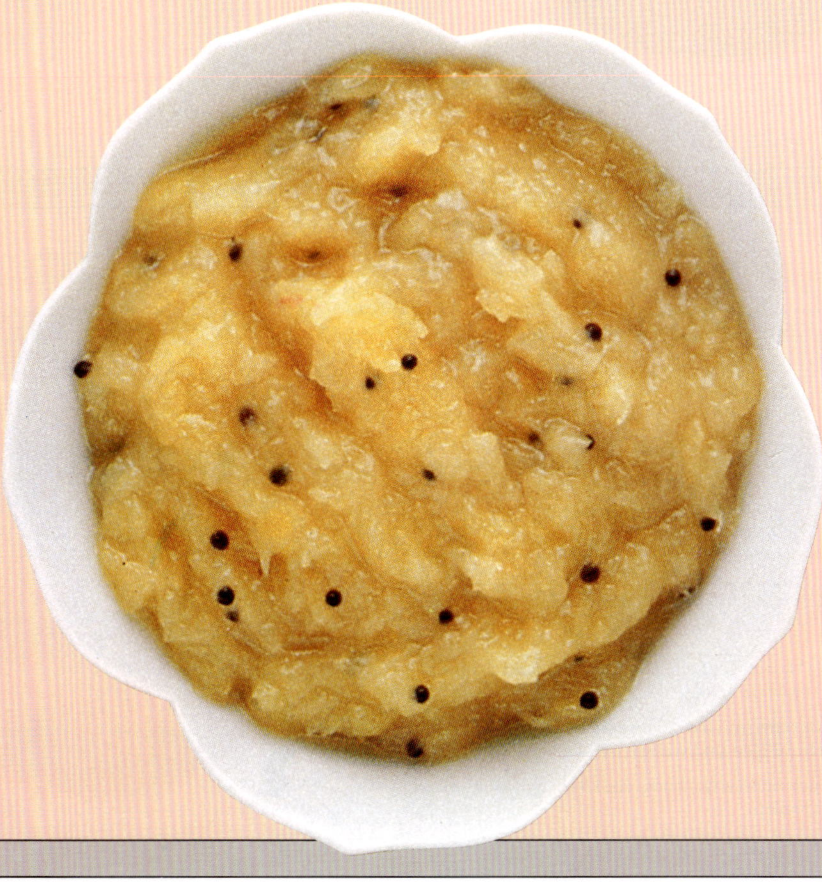

CACHUMBAR / RELISH MIT TOMATE, GURKE UND ZWIEBEL

200 g Tomaten, in 0,5 cm großen Stücken
200 g Gurke, in 0,5 cm großen Stücken
100 g Zwiebeln, gehackt
2–3 grüne Chilischoten
½ TL Salz
¼ TL Zucker
3 EL Zitronensaft
2 EL Korianderblätter, gehackt

Alle Zutaten in einer kleinen Schüssel mischen. Zudecken und
kalt stellen. Schmeckt zu jedem indischen Gericht.

GRUNDREZEPTE

Imlee / Tamarindensaft *122*

Zwiebelmischung *122*

Dahi / Joghurt *123*

Gerösteter Kreuzkümmel *123*

Panir / Selbstgemachter Hüttenkäse *124*

Garam Masala *126*

Ghee / Geklärte Butter *126*

IMLEE / TAMARINDENSAFT

75 g Tamarinden, getrocknet
200 ml heißes Wasser

1 Tamarinden etwa 30 Min. in heißem Wasser einweichen.

2 Kräftig ausdrücken, so daß das gesamte Fruchtfleisch austritt. Durch ein Sieb streichen und nach Bedarf verarbeiten. (Durch unterschiedliche Wassermenge läßt sich eine andere Konsistenz erzielen.)

ZWIEBELMISCHUNG

2 große Zwiebeln
3 Tomaten
3,5 cm Ingwerwurzel
5 Knoblauchzehen
3–4 grüne Chilischoten
4 TL weißer Essig

Alle Zutaten im Mixer zu einer glatten Paste verarbeiten. In einen luftdichten Behälter füllen und bis zum Gebrauch im Kühlschrank lagern. Hält sich bis zu zwei Wochen.

DAHI / JOGHURT

1,25 l Milch
3 EL Joghurt

1 Milch unter ständigem Rühren aufkochen. Vom Herd nehmen. Abkühlen lassen, bis sie nur noch lauwarm ist.

2 Joghurt in eine große Schüssel geben und glattrühren. Lauwarme Milch langsam dazugießen und vorsichtig umrühren. Schüssel zugedeckt über Nacht an einen warmen Platz stehen lassen. Kalt stellen.

GERÖSTETER KREUZKÜMMEL

2 EL ganze Kreuzkümmelsamen

1 Kreuzkümmelsamen bei mittlerer Hitze in einem kleinen Topf trockenrösten; dabei ständig umrühren. Die Samen werden ein wenig dunkler. (Aufpassen, daß sie nicht verbrennen.)

2 Abkühlen lassen und mahlen. Bis zum Verbrauch in einem Gewürzglas aufbewahren.

Koriandersamen und getrocknete rote Chilischoten können genauso verarbeitet und gelagert werden.

3,5 l Milch
200 ml warmes Wasser
75 ml weißer Essig

1 Milch unter ständigem Rühren bei starker Hitze aufkochen. Vom Herd nehmen.

2 Wasser und Essig mischen.

3 Essigmischung langsam in die gekochte Milch gießen. Sobald die Milch gerinnt, nichts mehr dazugeben.

4 Ein Käseleinen in drei oder vier Schichten in ein Sieb legen und die geronnene Milch durchgießen. Die Ecken des Tuchs aufnehmen und so viel Flüssigkeit wie möglich herausdrücken. Zum gründlichen Abtropfen aufhängen. Kann für würzige und süße Speisen verwendet werden. Dieses Rezept ergibt etwa 600 g Panir.

GARAM MASALA

3 EL Kardamomsamen
3 × 2,5 cm lange Zimtstangen
½ EL Kreuzkümmelsamen
½ TL schwarze Pfefferkörner
½ TL Gewürznelken
¼ Muskatnuß

Alle Gewürze zusammen ganz fein mahlen. Bis zum Gebrauch in einem Gewürzglas aufbewahren. (Die Mengen der einzelnen Zutaten kann man nach Geschmack verändern.)

GHEE / GEKLÄRTE BUTTER

450 g Butter, ungesalzen

1 Butter in einem Topf bei schwacher Hitze 15–20 Min. köcheln lassen, bis alle weißen Bestandteile goldfarben sind und sich am Boden absetzen.

2 Vom Herd nehmen, durch ein Sieb streichen und abkühlen lassen.

3 In ein luftdichtes Gefäß füllen und kühl lagern.

A

Aloo Aur Capsicum 68
Aloo Chokka 71
Aloo Dam 67
Aloo Gobi Aur Mater 73
Aloo Gobi Chokka 74
Aloo Gobi Dalna 69
Aloo Kabli 14
Aloo Paratha 93
Aloo Posto 70
Aloo Raita 115
Aloo Tikka 21
Amchoor 8
Ananas-Chutney 118
Anaras Ki Chutney 118
Asafetida 8
Auberginen
– geschmort 63
– Masala Auberginen 50
– mit saurer Sahne 62
– mit Senf 64
– würzige Auberginen 61
Avial 77

B

Baigan Bharta 61
Baigan Pora 63
Baigan Raita 115
Baked Gobi 72
Bananenbällchen, grüne 22
Batora 94
Bhindi Bhaji 48
Bitterkürbis, würzig 57
Blumenkohl
– Blumenkohl-Kartoffel-Curry 69
– fritiert 17
– gebacken 72
– mit Kartoffeln und Erbsen 73
– trockene Kartoffeln mit Blumen-
kohl 74
Bockshornklee 8
Bohnen
– Kidney-Bohnen-Curry 39
– mit Kokos 59
– Schwarzgefleckte Bohnen mit
Zwiebeln 37
Boondi Raita 114
Brot
– fritiertes braunes 92
– fritiertes gefülltes 95
– fritiertes weißes 96
– in Schichten, gefüllt 93
– Joghurtbrot 94
– mit Hefe 97
– Schichtbrot 99
– Vollkornbrot ohne Hefe 98
Bund Gobi Aur Mater 47
Bund Gobi Aur Narial 45
Bund Gobi Ki Rolls 44
Butter, geklärt 126

C

Cachumbar 119
Chaler Payesh 111
Channa Daal 30, 32
Chappati 98
Chilischoten 8
Chole 30, 41
Chutneys
– Ananas-Chutney 118
– Koriander-Chutney 116
– Minze-Chutney 116
– Tamarinden-Chutney 117
– Tomaten-Chutney 117
Curry
– Blumenkohl-Kartoffel-Curry 69
– Curryblätter 8
– Eier-Curry 28
– Joghurt-Curry 79
– Kartoffel-Curry 67
– Kichererbsen-Curry 40
– Kidney-Bohnen-Curry 39
– mit gebratenem Linsenkuchen
58
– mit gebratenen Eiern 29
– Omelette-Curry 26

D

Daal
– Channa Daal 32
– Daal Tarkari 36
– Moong Daal 33
– Musoor Daal 34
Dahi 123
Dahi Bhindi 52
Dahi Vada 20
Dalchini 8
Dhaniya 8
– Dhaniya-Chutney 116
Dhokkar Dalna 58

E

Eier
– Curry mit gebratenen Eiern
29
– Eier-Curry 28
– Omelette-Curry 26
– Teufelseier 27
Elaichi 8
Erbsen
– Blumenkohl mit Kartoffeln und
Erbsen 73
– gespaltene Erbsen mit Gemüse
36
– Hüttenkäse mit Erbsen 57
– Pillau mit Erbsen 82
– Weißkohl mit Erbsen 47

F

Fenchel 8
Fritiertes

– braunes Brot 92
– gefülltes Brot 95
– Teig 16
– weißes Brot 96

G

Gajar Halva 110
Garam Masala 126
Gebratene Kartoffelkuchen 21
Gefülltes Brot, fritiert 95
Gefülltes Brot in Schichten 93
Geklärte Butter 126
Gemüse
– gespaltene Erbsen mit Gemüse
36
– in Joghurt-Kokos-Soße 77
– Gemüseplätzchen 17
– Gemüsesteak 22
– Spinat mit Linsen und Gemüse
49
Gespaltene Erbsen 30
– mit Gemüse 36
Ghee 126
Ghee Bhat 85
Grieß-Halva 103
Grüne Bananenbällchen 22

H

Haldi 8
Halva
– Grieß-Halva 103
– Möhren-Halva 110
Hefebrot 97
Herzhafter Kartoffel-Snack 14
Hing 8
Hülsenfrüchte 31
Hüttenkäse
– mit Erbsen 57
– mit Paprika und Tomate 55
– selbstgemacht 124
– Spinat mit Hüttenkase 54
– siehe auch Käse

I

Imlee 122
Imlee Aloo 70
Imleeki Chutney 117

J

Jeera 8
Jhinge Posto 65
Joghurt 123
– Joghurtbrot 95
– Joghurt-Curry 79
– Gemüse in Joghurt-Kokos-Soße
77
– Linsenkuchen in Joghurt 20
– mit Aubergine 115
– mit Boondi 114
– mit Gurke 114

– mit Kartoffeln 115
– mit Safran 106
– Okraschoten mit Joghurt 52
– überbacken 105

K

Kabli Channa 40
Käse
– Käsesteak 15
– siehe auch Hüttenkäse
Kalonji 8
Kamla Khir 109
Karai 10
Kardamom 8
Karhi 79
Kartoffeln
– Blumenkohl mit Kartoffeln und
Erbsen 73
– Blumenkohl-Kartoffel-Curry 69
– Gebratene Kartoffelkuchen 21
– Herzhafter Kartoffelsnack 14
– Kartoffel-Curry 67
– mit Mohnsamen 70
– mit Paprika und Kokos 68
– mit Tamarinde 70
– Pilze mit Kartoffeln und
Zwiebeln 76
– trockene 71
– trockene Kartoffeln mit
Blumenkohl 74
Käse
– Käsebällchen in Sirup 107
– Käse-Fondant 102
Kela Kofta 22
Kheera Raita 114
Khichuri 87, 88
Khir mit Orangen 109
Khumbi, Aloo Aur Pyaz 76
Khumbi Pillau 83
Khus Khus 8
Kichererbsen
– Kichererbsen-Curry 40
– saure Kichererbsen 41
Kochgeräte 10
Kohlrouladen 44
Kokos(flocken)
– Bohnen mit Kokos 59
– Gemüse in Joghurt-Kokos-Soße
77
– Kartoffeln mit Paprika und
Kokos 68
– Pillau mit Kokos und Milch 86
– Weißkohl mit Kokos 45
Koriander 8
– Korianderblätter 8
– Koriander-Chutney 116
Krapfen in Sirup 104
Kürbis
– Bitterkürbis, würzig 57
– mit Gewürzen 78

Kurkuma 8
Kreuzkümmel 8
– geröstet 123

L
Lau Ghonto 53
Linsen 30
– Curry mit gebratenem
  Linsenkuchen 58
– Linsenkuchen in Joghurt 20
– mit geschmorten Zwiebeln
  34
– Reis mit Linsen 88
– Reis-Linsen-Curry 87
– Spinat mit Linsen und Gemüse
  49
Lobia 30
Lobia Aur Pyaz 37
Lucchi 96

M
Malai Baigan 62
Malpoa 104
Mangopulver, getrocknet 8
Masala Aubergine 50
Masala Kaddu 78
Masala Karela 57
Masala Rajma 39
Masala Undey 29
Mater Daal 30
Mater Kachori 95
Mater Panir 57
Mater Pillau 82
Matpe 30
Methi 8
Minze-Chutney 116
Mirchi 8
Mohnsamen 8
– Kartoffeln mit Mohnsamen 70
– Schwammgurke mit
  Mohnsamen 65
Möhren-Halva 110
Mooli 46
Moong Daal 30, 33
Musoor Daal 30, 34

N
Naan 97
Narial Aur Dudh Pillau 86

O
Okraschoten
– geschmorte Okraschoten mit
  Zwiebeln 48
– mit Joghurt 52
– mit Senf 49
Omelette-Curry 26

P
Pakoras 17
Panch Phoron 8
Panir 124
Panir Bhiyia 55
Panir Cutlet 15
Paprika
– Hüttenkäse mit Paprika und
  Tomate 55
– Kartoffeln mit Paprika und
  Kokos 68
Paratha 99
Payodhi 105
Pillau
– mit Erbsen 82
– mit Kokos und Milch 86
– mit Pilzen 83
Pilze
– mit Kartoffeln und Zwiebeln
  76
– Pillau mit Pilzen 83
Poori 92
Pudina Chutney 116

R
Rai 8
Raitas
– Aubergine 115
– Boondi 114
– Gurke 114
– Kartoffeln 115
Rajma 30
Rassogolla 107
Reis
– einfach 84
– gebraten 85
– mit Linsen 88
– Reis-Linsen-Curry 87
– Reispudding 111
Relish mit Tomate, Gurke und
  Zwiebel 119

Rettich, weißer 46
Rote Kidney Bohnen 30, 39
Rote Linsen 30
– mit geschmorten Zwiebeln 34
Rüben, trockene 53

S
Saag Panir 54
Sabzi Cutlet 22
Sada Chawal 84
Sai Bhaji 49
Samosas 18
Sandesh 102
Sarso Baigan 64
Sarso Bhindi 49
Saure Kichererbsen 41
Schichtbrot 99
Schwammgurke mit
  Mohnsamen 65
Schwarzgefleckte Bohnen 30
– mit Zwiebeln 37
Senf 8
– Okraschoten mit Senf 49
Shrikhand 106
Sooji Halva 103
Sounf 8
Spinat
– mit Hüttenkäse 54
– mit Linsen und Gemüse 49
Steaks
– Gemüsesteak 22
– Käsesteak 15
Sukhi Bean Aur Narial 59

T
Tamarinde
– Kartoffeln mit Tamarinde 70
– Tamarinden-Chutney 117
– Tamarindensaft 122
Tamatar Ki Chutney 117
Tel Baigan 50
Teufelseier 27
Tomaten
– Chutney 117
– Hüttenkäse mit Paprika und
  Tomate 55
– Relish mit Tomate, Gurke und
  Zwiebel 119
Trockene Kartoffeln 71

– mit Blumenkohl 74
Trockene Rüben 53

U
Überbackener Joghurt 105
Undey Ka Devil 27
Undey Ki Curry 28
Urid Daal 30

V
Vollkornbrot ohne Hefe 98

W
Weißkohl
– Kohlrouladen 44
– mit Erbsen 47
– mit Kokos 45
Weißer Rettich 46
Würzige Auberginen 61
Würziger Bitterkürbis 57

Z
Zimt 8
Zwiebeln
– geschmort, mit roten Linsen 34
– mit geschmorten Okraschoten
  48
– mit schwarzgefleckten Bohnen
  37
– Pilze mit Kartoffeln und
  Zwiebeln 76
– Relish mit Tomate, Gurke und
  Zwiebeln 119
– Samen 8
– Zwiebelmischung 122

Danksagung

Danken möchte ich meiner Mutter, die mir einige Rezepte gab und mir half, Speisen für die Fotos zuzubereiten; Maya Mami, von der ich neben einigen Rezepten auch viele wertvolle Ratschläge erhielt; Rita Sen und Sheila Sengupta, die mir Rezepte zuschickten; Neyla Freeman für ihre ständige Ermutigung und Wendy Vincent, die den größten Teil der Schreibarbeit an diesem Buch übernahm. Dank auch an die Beagle Gallery, 303 Westbourne Grove, London W.11, und Ganesha, 6 Park Walk, London S.W.10, die so freundlich waren, Requisiten für die Fotos zur Verfügung zu stellen.

Sumana Ray